(Conserve le couverture)

LE
CRÉDIT AGRICOLE

noir

SON ORGANISATION EN FRANCE

PAR

G. MULEY

PARIS

IMPRIMERIE SCHILLER

10, FAUBOURG MONTMARTRE

—

1892

Paris, 1er Janvier 1892.

Après cinquante années d'études et de tâtonnements, la question du « Crédit Agricole » s'est encore une fois imposée à l'attention des Pouvoirs publics.

Soumise en ce moment aux délibérations du Parlement, elle est sur le point de faire un pas décisif.

Ainsi que nous l'avons déjà fait plusieurs fois, nous venons exposer nos vues sur un sujet qui intéresse au plus haut point l'avenir de la plus grande de nos industries.

Le « Crédit Agricole » a des détracteurs comme il a de fervents défenseurs.

Les premiers, ce sont ces hommes rebelles à tout progrès, qui ont nié les chemins de fer, qui ont nié l'électricité, et qui nieraient, s'ils l'osaient, la lumière du jour.

A ceux-là nous n'avons rien à dire, nous ne parviendrions pas à les convaincre.

Les seconds, ce sont les hommes d'initiative, qui marchent avec leur époque ; ce sont ceux qui, comme nous, croient qu'il y a assez longtemps que l'agriculture végète dans l'isolement et que le moment est enfin venu où l'on doit la placer, au point de vue de l'argent et du crédit, sur le pied de l'égalité avec les autres branches du travail national.

C'est à ceux-là que nous nous adressons ; c'est à ceux-là que nous demandons de venir favoriser l'accomplissement d'une œuvre qui s'impose par son opportunité et par les services qu'elle est appelée à rendre au pays.

G. Muley.

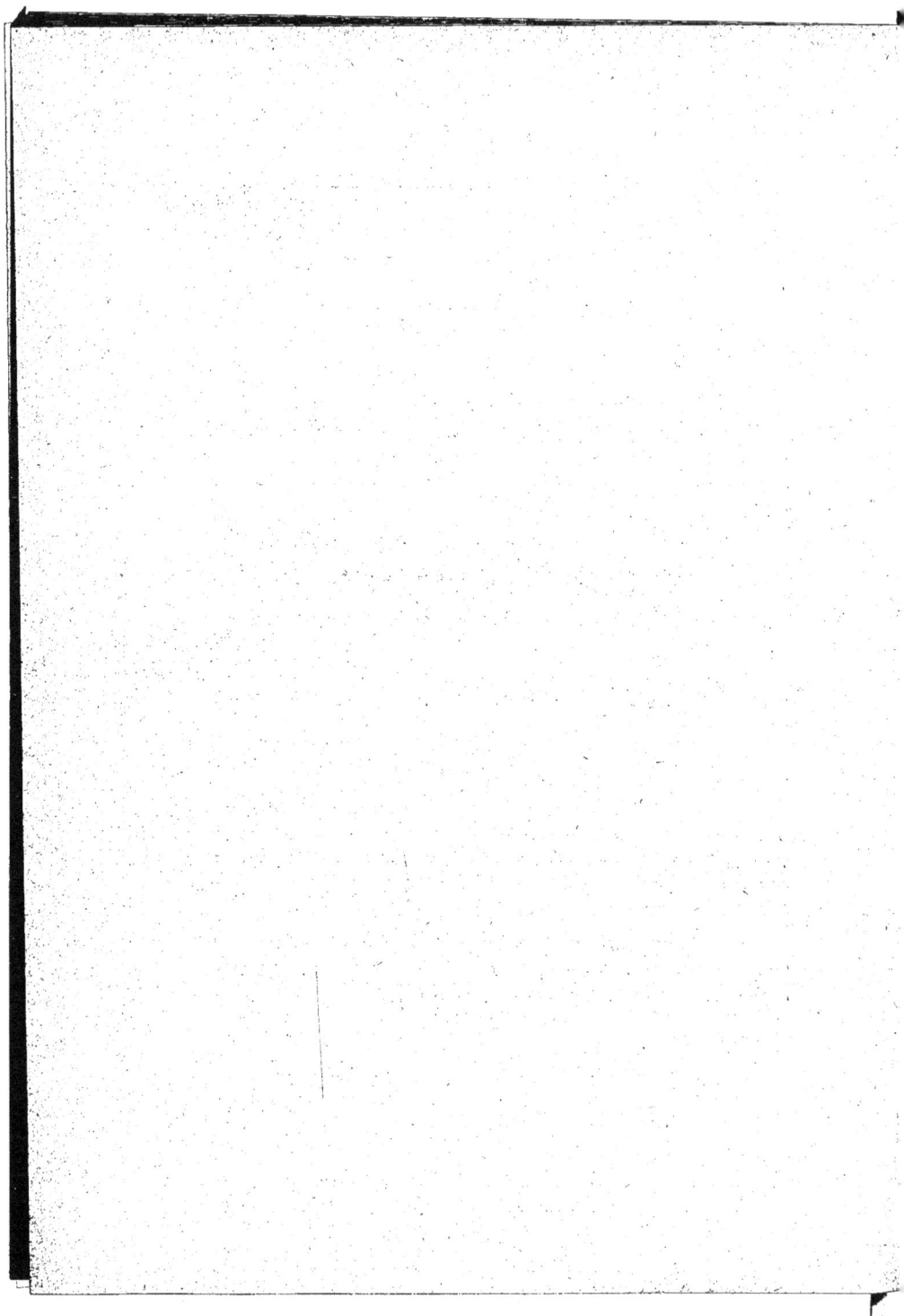

LE

CRÉDIT AGRICOLE

~~~~~~~~~~~~~~

SON ORGANISATION EN FRANCE

────────

L'AGRICULTURE ET LE CRÉDIT

L'organisation du « Crédit Agricole » est une des questions les plus importantes de notre époque, car elle intéresse au plus haut degré l'existence et l'avenir de vingt millions d'agriculteurs qui, par leur travail, fécondent le sol de la France.

Aucune question n'a donné lieu à plus de discussions, à plus de controverses.

A la tribune du Parlement, dans les Congrès, dans la presse, elle a été discutée sous toutes ses faces, et cependant, depuis cinquante ans qu'elle est à l'étude, elle n'a pas été résolue.

Aujourd'hui une solution s'impose, la situation de l'Agriculture française la réclame impérieusement, car si aucune industrie ne peut offrir plus de ressources, aucune n'a autant de besoins.

En effet :

La surperficie du sol cultivable de la France est d'environ cinquante millions d'hectares. Sur ces cinquante millions d'hectares, plus de huit millions d'hectares appartenant soit à l'Etat, soit aux communes, soit aux particuliers, sont encore incultes, et de ce seul fait, la France se trouve frustrée chaque année d'un revenu de plus d'un milliard.

Sous un ciel privilégié, sur un sol fertile cultivé depuis des siècles, les non-valeurs abondent ; presque partout on trouve de vastes étendues de terres inutiles aux hommes.

Presque tous les sommets des montagnes sont nus ; or, les montagnes déboisées causent les inondations, comme les marais croupissants engendrent les épidémies.

Fleuves, rivières, ruisseaux, canaux, tout est chez nous à l'état de non-valeur absolue ou relative et, cependant, nos cours d'eau pourraient non seulement servir à nourrir des troupeaux de poissons, mais l'irrigation les répandrait en larges nappes sur nos prairies pour remplacer l'engrais qui nous manque, et les fermes, les modestes industries de la campagne, pourraient utiliser et tirer parti de leur force qui chôme presque partout aujourd'hui.

Sur tous les points, à toutes les sources, les engrais sont perdus ou négligés, et nos terres s'épuisent, et chaque année nous sommes forcés de porter des millions à l'étranger pour nous procurer une faible partie des matières propres à fertiliser nos champs et à restituer à la terre les principes que lui enlèvent les récoltes.

La moyenne des rendements du sol cultivé est elle-même insuffisante si on la compare à celle obtenue par des pays voisins moins favorisés que nous par le climat et la fertilité du sol.

Pour ne parler que des céréales, les enquêtes officielles ont relevé qu'en Angleterre, en Allemagne, en Belgique, la moyenne des rendements sur une grande échelle atteint trente-cinq et même quarante hectolitres à l'hectare, alors qu'en France il est démontré que la production moyenne des céréales ne dépasse pas seize hectolitres à l'hectare ; on peut donc se demander s'il est possible d'attribuer un pareil écart à la nature du sol, au climat ou à des conditions dont les modifications échappent à l'homme.

« S'il en était ainsi, si on devait considérer notre minime rendement moyen comme une limite que ne saurait franchir la production du sol français, il y aurait lieu de désespérer de la fortune de la France (1). »

Sur vingt millions d'hectares cultivés, l'Angleterre en a onze en prairies, la France en a sept sur quarante-deux. En d'autres termes, nos agriculteurs consacrent un sixième de leurs terres à la production de la viande et les Anglais plus de moitié. Il suit de là que les Anglais ont non seulement plus de viande que nous, mais qu'ils ont aussi plus d'engrais, et c'est là une des principales causes de leurs abondantes récoltes en céréales.

Il en est de même des autres cultures.

Quelles sont les conséquences de cette situation ?

C'est que la valeur de la propriété rurale diminue tous les jours ; non seulement la terre est dépréciée, mais dans certaines régions on ne trouve même plus à louer les terres les plus fertiles ; chaque jour l'existence

_____

(1) Grandeau.

devient plus difficile, plus pénible pour les classes laborieuses ; la cherté des subsistances engendre la misère et, avec elle, toutes ses désastreuses conséquences ; les champs se dépeuplent ; enfin, nous sommes forcés d'exporter chaque année des sommes considérables à l'étranger pour nous procurer les denrées indispensables aux besoins chaque jour plus impérieux de l'alimentation publique.

*
* *

Les causes qui ont amené et qui prolongent cet état précaire de l'Agriculture française sont multiples.

On veut attribuer une partie de nos désastres à la concurrence étrangère, à l'application des doctrines de liberté qui, depuis un demi-siècle, ont révolutionné le monde commercial et industriel, à la désertion des campagnes, à la cherté de la main-d'œuvre, au morcellement qui divise à l'infini le sol français, enfin aux charges qui écrasent l'agriculture.

En effet, M. Méline, alors Ministre de l'Agriculture, fixait, devant le Sénat, en 1885, à 104 francs par tête, la somme des impôts payés en France par les agriculteurs.

Cette somme de 104 francs paraîtra encore plus énorme, si on la compare à celle que paient les paysans de l'autre côté de la frontière.

Le paysan allemand paie 44 francs seulement et le paysan espagnol ne paie que 33 francs.

Cette somme de 104 francs paraîtra encore plus formidable si on regarde non plus à l'étranger, mais en France, ce que paient les autres contribuables français.

Un homme très compétent, M. Le Trésor de La Roque, a démontré, chiffres en mains, que le Français qui vit de la terre verse à l'Etat 31 o/o de son revenu, tandis que le propriétaire des villes ne verse que 23 1/2 o/o, tandis que l'industriel et le commerçant versent un peu moins de 20 o/o, tandis que le rentier ne verse que 11 1/2 o/o, tandis que, enfin, l'ouvrier et l'employé ne versent que 8 o/o.

Ainsi, lorsque le paysan touche 100 francs, l'Etat lui en prend 31, et lorsque l'ouvrier et l'employé touchent 100 francs, l'Etat ne leur en demande que 8.

Le paysan n'est donc pas l'égal des autres devant la loi et ce sont ces charges qui écrasent l'agriculture.

La France était, avant 1789, un pays de grande culture appartenant à quelques familles privilégiées, mais mal cultivé, il est hors de doute que la terre produit aujourd'hui davantage qu'au siècle dernier ; le travail individuel a fécondé des champs qui étaient alors incultes et sans valeur et nous croyons qu'au lieu d'être une cause de décadence, la division de la propriété en France constitue le principal élément de richesse et de puissance de la nation.

« On peut constater, en effet, que là où existe la grande propriété, là existe la misère. L'une engendre l'autre. Partout la grande propriété a comme voisines, comme compagnes nécessaires, la pauvreté et l'indigence.

» Dans certains départements du Nord, la comparaison est facile à faire, elle est frappante. La grande propriété s'est reconstituée dans des cantons entiers. C'est là que sont les terres les plus riches, les plus belles, les plus productives, mais comme ces terres sont entre les mains de quelques-uns, on voit de grandes fortunes, des gens oisifs et vivant dans le luxe et autour d'eux la misère, la mendicité s'étalent comme nulle part ailleurs. Vous voyez, à côté, des contrées où la terre produit peu, où elle est véritablement ingrate, mais où elle est répartie entre une foule de petits propriétaires : là la misère n'existe pas, chacun vit sur son sol et de son travail (1). »

La concurrence étrangère, l'application des nouvelles doctrines économiques ont exercé une influence bien autrement fâcheuse sur les destinées de l'agriculture, alors surtout que nous n'étions pas en mesure de soutenir la concurrence de nations plus favorisées que nous au point de vue de la production agricole.

Pendant longtemps les distances furent un rempart protecteur, mais la navigation à vapeur vint bientôt le faire disparaître et rendit les transports si rapides et si peu coûteux que l'on peut dire qu'elle mit à nos portes les marchés étrangers.

Alors que chez nous le sol est épuisé, les engrais fort rares et fort chers, les travaux des champs très coûteux, l'impôt qui frappe les terres augmentant sans cesse, les salaires dépassant les limites du raisonnable, la division des terres empêchant la mise en œuvre des moyens d'exploitation moderne ; là-bas, au delà de l'Atlantique, nous voyons un Nouveau Monde offrant aux travailleurs des millions d'hectares de terres vierges, produisant sans engrais et avec peu de main-d'œuvre les plus riches, les plus abondantes récoltes qu'on peut imaginer, mis à la disposition des agriculteurs à des prix fabuleusement bas et sans impôt appréciable ; auprès de ces terres, des moyens de communication et de locomotion comme on n'en trouve nulle part sur notre globe, un climat propre à toutes espèces de cultures ; un horizon, enfin, qui donne une nouvelle vie, de nouvelles forces à tous ceux qui foulent le sol de cette nouvelle patrie.

Tels sont, à grands traits, les situations respectives des agriculteurs

---

(1) Discours de M. Doumer, Chambre des députés, séance du 16 juin 1892.

européens et américains; de là, la lutte entre les productions de l'Ancien et du Nouveau Monde, de là les plaintes de l'agriculture relatives à la concurrence étrangère.

Au lieu d'aller porter ses produits sur les marchés du monde entier, la France se trouve aujourd'hui envahie par les produits étrangers que l'agriculture nationale se déclare incapable de donner aux mêmes prix.

Les lois qui ont été votées par le Parlement et qui frappent de droits nouveaux les produits agricoles étrangers à leur entrée en France, auront-elles le pouvoir de conjurer une crise qu'il serait aussi puéril de nier que coupable d'exagérer? Nous ne le croyons pas. Ces mesures défensives ne sauraient rester en vigueur indéfiniment et ce n'est pas seulement avec des expédients de douanes qu'on viendra au secours de l'agriculture : il lui faut, et à bref délai, des remèdes d'une plus grande puissance.

En ce qui touche la rareté et la cherté de la main-d'œuvre, le mal est aussi grave que réel.

En effet, les forces vives du pays se portent chaque jour davantage vers le commerce et l'industrie; les habitants des campagnes, se trouvant en présence de difficultés chaque jour renaissantes, perdent courage, abandonnent la culture et prennent le chemin des grandes villes où ils croient trouver une existence plus facile.

C'est ainsi que les fermes sont désertées, tandis que les villes s'encombrent d'hommes inutiles, souvent dangereux, et comme conséquence fâcheuse, la population décroît, parce que celui qui aurait été un bon père de famille dans la vie calme du hameau s'use et s'étiole dans l'isolement, au milieu de l'agitation malsaine des grandes villes.

La présence des hommes des campagnes dans les villes a encore un résultat fatal, c'est d'augmenter l'acuité de la crise ouvrière en même temps que la cherté de la main-d'œuvre rurale, ce qui est une des causes de la crise agricole actuelle.

Charges trop lourdes, main-d'œuvre trop chère, concurrence étrangère impossible à vaincre, tout s'acharne donc contre l'agriculteur français et, nous le reconnaissons sans peine, ces causes n'ont pas été sans exercer une grande influence sur la situation de l'agriculture; mais il en est d'autres, non moins sérieuses, qui ont puissamment contribué à prolonger un état de choses nuisible, à tous les points de vue, à la prospérité du pays.

⁎

Parmi les causes qui, dans tous les pays, ont longtemps paralysé le progrès de l'agriculture, il en est une que l'on s'accorde à regarder comme prépondérante : c'est le manque de capitaux ou plutôt c'est l'insuffisance du crédit dont elle jouit pour se procurer les ressources qui sont indispensables à ses besoins les plus urgents.

Les progrès de la science, les découvertes de l'industrie ont ouvert à l'agriculture de nouveaux et larges horizons, ont mis à sa portée d'incomparables éléments de prospérité, mais ont aussi fait naître de nouveaux et de grands besoins.

La culture primitive a fait place à la culture intensive qui demande à la terre le maximum de ce qu'elle peut produire.

« La terre est devenue aujourd'hui une grande usine ; on ne peut plus gagner d'argent qu'en réduisant sans cesse les frais généraux et en augmentant sans cesse la production et les rendements ; mais pour augmenter la production, il faut dépenser beaucoup ; la terre ne donne qu'à ceux qui lui prêtent ; il faut donc recourir à l'emploi des semences de choix, des engrais abondants ; il faut des machines perfectionnées pour économiser la main-d'œuvre, un nombreux bétail ; il faut, enfin, pour réaliser les produits de la culture dans de bonnes conditions, que l'agriculteur ait des avances suffisantes pour ne pas être obligé de vendre à jour fixe, pour pouvoir choisir l'heure favorable sur le marché. Il en résulte que les fonds de roulement de l'agriculture ont décuplé depuis le commencement du siècle. Un des hommes qui ont le mieux étudié la question, un agronome qui a le plus puissamment contribué à l'adoption des nouvelles méthodes, M. Joulie, estime que, pour la culture intensive du blé, le fonds de roulement nécessaire ne s'élève pas, par hectare, à moins de 400 à 500 francs. Multipliez par ce chiffre le nombre d'hectares qui pourraient être soumis à ce régime et vous arriverez à chiffrer le fonds de roulement indispensable à l'agriculture par centaines de millions, presque par milliards.

« Si énormes que soient ces sommes, il semble que l'agriculture devrait les obtenir aisément, car il n'y a pas de placements plus lucratifs que ceux qui s'appliquent à l'exploitation du sol (1). »

Les agriculteurs ont-ils à leur disposition ces ressources qui sont désormais indispensables à l'agriculture nouvelle ?

Beaucoup prennent à bail une ferme qui manque de tout : fonds de réserve, bétail, parfois même instruments de culture, comptant sur les premiers produits pour se les procurer graduellement. Si, parfois, ils débutent par une série de mauvaises années, la ruine les atteint avant qu'ils soient arrivés aux bonnes récoltes qui les eussent remis à flot. De même dans l'industrie, la déconfiture attend ceux qui fondent un établissement avant d'avoir pu amasser ou se procurer un capital suffisant pour résister aux chances défavorables.

---

(1) Discours de M. Méline à la Chambre des députés, 16 juin 1892.

Le capital d'une ferme doit donc être plutôt au-dessus qu'au-dessous de la valeur de la ferme.

Avec des capitaux suffisants un fermier intelligent, actif, travailleur, conquiert rapidement l'aisance, sinon la richesse, mais malheur à l'agriculteur qui n'a pas à sa disposition des ressources suffisantes pour exploiter la terre qu'il cultive ! Ses efforts sont paralysés et, engagé dans une lutte désespérée, il enfonce rapidement dans l'abîme.

C'est en vain que la science découvre chaque jour de nouveaux éléments de fertilisation destinés à combattre l'épuisement de la terre, c'est en vain que la mécanique invente des engins, des machines qui suppléent au défaut de bras et accélèrent la rapidité du travail, il ne peut profiter des avantages que lui offrent tous ces moyens d'accroître la production et d'en diminuer les frais ; il ne peut, après la récolte, attendre le moment favorable pour la livrer au commerce ; pour payer les frais de sa culture, il est forcé de se défaire de sa marchandise en temps inopportun ; il lui est impossible de faire exécuter certains travaux indispensables de la manière la plus avantageuse ; la visite de chaque jour qu'il fait dans ses champs devient pour lui une malédiction de tous les instants ; quand il regarde ses moissons il se dit que le grain est déjà vendu dans l'épi ; quand les bœufs transportent le fourrage aux écuries, il sait que leur chair est déjà réclamée par des créanciers avides ; il doute s'il profitera encore lui-même l'année suivante de la fertilité que l'engrais de ses bestiaux et son travail pourront donner au sol qu'il cultive ; enfin, il est impliqué dans des embarras chaque jour renaissants dont il ne lui est plus possible ensuite de se dégager.

Les capitaux, le crédit sont donc les éléments essentiels, indispensables à l'agriculture, les seuls qui peuvent lui permettre d'augmenter la production du sol et d'en réduire les frais, les seuls, enfin, qui peuvent lui permettre de lutter contre une concurrence d'autant plus redoutable qu'elle n'a pas encore atteint son apogée.

Pour mettre en valeur, c'est-à-dire en plein rapport, un fonds quelconque, capital agricole, exploitation industrielle, il faut de l'argent, du numéraire à bon marché, c'est-à-dire coûtant moins de loyer que ce qu'il peut raisonnablement rapporter ; il ne faut pas, en un mot, que la richesse accumulée qui ne fonctionne pas reste inactive, il faut qu'elle attire incessamment à elle les ressources disponibles, sans quoi il faut renoncer à augmenter, par la création de nouvelles richesses, cette fortune acquise.

Telle est l'influence économique du crédit ; il procure, à des conditions relativement modérées, les moyens d'élever chaque jour davantage le chiffre de la richesse générale en donnant une somme de bien-être individuel plus grande.

C'est par l'extension, ou plutôt par la diffusion du crédit, que le commerce, l'industrie manufacturière, les travaux publics ont pris le gigantesque développement que nous admirons chaque jour et accompli des merveilles qui sont la gloire du monde moderne ; c'est seulement avec l'aide de ce levier merveilleux, dont la puissance est en quelque sorte indéfinie, que l'agriculture pourra opérer une transformation nécessaire.

LE CRÉDIT AGRICOLE A L'ÉTRANGER

Tous les peuples qui entourent la France possèdent des Banques qui donnent à la richesse agricole son crédit spécial, son argent de circulation.

Parcourons l'Angleterre, les Etats d'Allemagne, l'Italie, visitons les provinces qui bordent l'Atlantique, dans ces pays où le Crédit Agricole et Commercial, également dotés, se touchent et s'enchaînent, partout nous verrons l'institution puissante, se ramifiant à l'infini, reliant entre elles les richesses, les activités, les fortunes ; les conditions du sol au commerce, du commerce à l'industrie, comme si le travail ne formait qu'une seule et immense zone.

Il existe au Nord de l'Europe un pays qui occupe une bien petite place sur la carte, mais, où le crédit a enfanté de véritables prodiges : c'est l'Ecosse, et c'est bien là surtout que le « Crédit agricole » s'est organisé ou, du moins, pour parler plus exactement, c'est surtout là que l'agriculture profite et se sert le plus du crédit.

« Les Banques d'Ecosse occupent depuis de nombreuses années le monde des économistes et des agriculteurs ; leurs succès, les services considérables qu'elles ont rendus à la culture expliquent le prestige qui les entoure, et devant le résultat obtenu, il n'est point surprenant qu'on les ait envisagées, bien souvent, comme la solution la plus parfaite du problème si compliqué du Crédit agricole. De savants agronomes se sont, à plusieurs reprises, tournés vers elles comme vers la seule combinaison réalisable, et ont recommandé, chez nous, l'appropriation de ce moyen de crédit (1). »

C'est à la date du 17 juillet 1695 qu'un négociant de Londres, John Holland, secondé par onze capitalistes écossais, créa la première Banque d'Ecosse ; cette institution eut pour objet de recevoir les dépôts d'argent, d'escompter les effets de commerce, de prêter sur toute garantie morale et matérielle.

Conduite avec infiniment de prudence et d'habileté, la jeune Banque ne tarda pas à acquérir une considérable extension, d'autres Banques ne tardèrent pas à se fonder, et, pour se faire une idée du chemin parcouru

---

(1) *Essai sur le Crédit Agricole*, par G. Baillet.

et du rapide essor que prirent ces établissements, qu'il nous suffise de dire qu'en 1878 le capital souscrit des Banques d'Ecosse était de 226,162,500 fr., celui de leurs dépôts de 1,687,555,775 fr., c'est-à-dire près de neuf fois leur capital; cette même année, leurs bénéfices ont été de plus de 31 millions, et le dividende moyen qui a été payé aux actionnaires a été de 13.18 o/o, déduction faite des sommes versées au fonds de réserve.

Un semblable résultat démontre par lui-même l'excellence de l'institution.

Les ressources des « Banques d'Ecosse » proviennent :

De leur capital propre, c'est-à-dire des fonds versés par leurs actionnaires;

De leur circulation de billets;

Des capitaux qu'elles reçoivent en dépôt;

Du réescompte des effets qu'elles ont négociés.

Le capital des « Banques d'Ecosse » n'est jamais employé aux opérations courantes; il forme simplement réserve. Dans le but de produire un certain revenu, il est converti en Fonds publics, parfois en actions de la Banque d'Angleterre et autres titres d'une entière sécurité et d'une réalisation facile en temps de crise.

L'émission des billets est sans contredit l'un des plus puissants éléments qui aient déterminé le succès des « Banques d'Ecosse ». Elle leur procure des capitaux considérables; elle leur a permis d'attribuer un intérêt aux dépôts d'épargne et de consentir à des conditions modestes leurs admirables prêts sur cautions, connus sous le nom de « Cash Credits ». En outre, elle a produit cette heureuse conséquence, de vulgariser les opérations de Banque dans les localités les plus reculées et de drainer les épargnes les plus minimes qui, sans elle, seraient restées improductives.

Ce qui fournit aux « Banques d'Ecosse » la majeure partie de leurs revenus, ce n'est pas cependant l'émission, ce sont les dépôts d'argent. La réception de fonds en dépôt n'est certes pas une opération exceptionnelle, elle est ordinaire à la presque totalité des institutions financières, mais, ce qui est exceptionnel, c'est, comme nous l'avons vu, l'immense développement qu'elles lui ont imprimé.

Elles constituent de véritables Caisses d'épargne et, avec l'aide de leurs 800 comptoirs, elles pénètrent dans les localités les plus reculées, attirant l'obole du paysan comme les gros capitaux des riches pour les faire fructifier au plus grand profit de la prospérité publique.

La confiance que leur témoigne le public est justifiée par de multiples raisons :

1° La sécurité des « Banques d'Ecosse » est immense à cause de leur solide organisation, de leur excellente direction et de la responsabilité qui engage leurs actionnaires ;

2° Les formalités de remboursement sont nulles, ce qui n'a pas lieu avec les Caisses d'épargne ;

3° Un intérêt plus ou moins élevé est attribué aux dépôts, de quelque nature qu'ils soient ;

4° Les dépôts en comptes courants donnent droit au service gratuit des paiements et recouvrements en numéraire ou par changement d'écritures ;

5° Enfin, les dépôts créent des relations entre la Banque et les déposants. Ceux-ci ont alors beaucoup de facilité à en obtenir des avances, de manière qu'après en avoir été les créanciers, ils en deviennent les débiteurs lorsqu'ils veulent augmenter l'importance de leurs affaires.

Ces dépôts s'opèrent sous deux formes :

1° Les « *deposit receipts* », dont le titulaire ne peut se servir qu'en les retirant lui-même sans jamais en disposer par billet à ordre ou par chèque ;

2° Les « *operating deposit accounts* », qui sont de véritables dépôts en comptes courants transmissibles à des tiers par chèques, virements, etc.

Comme quatrième source des capitaux des Banques, il y a le réescompte du portefeuille. C'est généralement à la Banque d'Angleterre qu'elles s'adressent dans les occasions de gêne, mais on conçoit que la considérable importance de leurs dépôts leur permette, le plus souvent, d'attendre l'époque de l'échéance pour faire encaisser leurs valeurs.

Après avoir examiné les procédés à l'aide desquels les « Banques d'Ecosse » recueillent les capitaux disponibles, il convient d'étudier de quelle façon elles les utilisent pour développer le travail et commanditer les travailleurs.

Institutions de crédit d'un caractère général, elles font toutes opérations de banque, excepté la spéculation qu'elles s'interdisent d'une façon formelle. Elles prêtent sur hypothèque, sur nantissement de titres. Elles s'attachent principalement à l'escompte, négociant surtout le papier agricole, de manière que, sans avoir créé d'établissement spécial, l'Ecosse possède néanmoins un véritable Crédit à l'Agriculture.

Mais ce qui constitue l'originalité de ces Banques, c'est leur système de « *Cash credit account* ».

Voici en quoi il consiste :

Quelqu'un désire une avance de fonds. S'il justifie d'une suffisante solvabilité matérielle et morale, la Banque lui accorde cette avance et lui ouvre immédiatement un compte courant. Si sa solvabilité est douteuse, il doit se faire cautionner par un ou plusieurs garants agréés par la Banque. C'est ainsi que des agriculteurs sans fortune obtiennent souvent des avances sur la garantie de personnes qui ont foi dans leur intelligence et leur travail. Naturellement la direction s'entoure des renseignements les plus minutieux, non seulement sur la nature des garanties offertes par le demandeur et ses répondants, mais encore sur la destination des capitaux. C'est d'après ces diverses considérations qu'elle décide s'il y a lieu d'accorder l'avance et que, dans l'affirmative, elle en détermine le montant et l'époque de remboursement.

Possesseur de ce crédit, le titulaire devient, par le fait même, client de la Banque. Il lui confie ses épargnes, lesquelles viennent grossir son compte créditeur et produisent intérêt. Par l'emploi de chèques et la remise d'effets commerciaux, il lui donne mandat d'effectuer ses paiements et ses recouvrements.

Une Banque bien dirigée encourt peu de risques. Elle n'accorde du crédit qu'à bon escient et, par l'examen suivi du compte courant, elle apprécie assez exactement la situation des affaires de son débiteur. Elle élargit ou restreint le crédit qu'elle lui a consenti suivant que cette situation paraît progresser ou péricliter. Dès qu'elle prévoit un danger, elle avertit les garants ; ceux-ci ont d'ailleurs le droit d'inspecter en tous temps le compte de leur cautionné et de limiter leur garantie, s'ils estiment que leur confiance est mal placée.

Le montant des avances à découvert descend jusqu'aux plus faibles sommes et n'excède qu'exceptionnellement 12,500 francs. Le taux d'intérêt y afférent varie de 4 à 6 o/o. On conçoit qu'il ne soit pas fixe et qu'il dépende de l'intérêt alloué aux dépôts et, en général, de la situation financière du pays.

On doit donc conclure de cette rapide étude que les « Banques d'Ecosse » appliquent d'une façon heureuse les principes les plus rationnels de l'organisation du crédit.

Par l'émission de billets, la réception de fonds en dépôts, elles recueillent toute l'épargne disponible du pays. Par les services de caisses qu'elles opèrent pour leurs clients, principalement au moyen de transferts d'écritures, elles réduisent, au minimum, la quantité de numéraire employée aux échanges. Elles offrent ainsi la plus grande quantité possible de capitaux à l'œuvre utile de la production.

A l'aide de leurs innombrables succursales, il n'y a pas en Ecosse de localité équivalente à un de nos chefs-lieux de cantons qui n'ait une Banque ; elles ne laissent aucune localité inexplorée et vulgarisent partout les procédés de banque. Les directeurs des Banques n'attendent pas passivement que les capitaux viennent à eux et qu'on sollicite d'eux des emprunts, mais ils s'occupent dans le district qui leur est afférent d'activer, autant que possible, la circulation des billets, la remise des dépôts d'argent ; en même temps, ils recherchent les placements fructueux où ils pourront utiliser leurs capitaux disponibles, tout en se renseignant, d'ailleurs, sur la solvabilité matérielle et morale des personnes qui les entourent.

Cette extension de l'action des Banques jusque dans les plus petites localités accroît non seulement les bénéfices qu'elles recueillent, mais elle fortifie encore leur situation. Leur crédit se trouvant réparti sur une plus grande étendue, elles possèdent infiniment plus de stabilité et de sécurité que si elles concentraient leurs opérations en quelques grandes villes.

Sous l'action de ce puissant instrument de crédit, l'Ecosse s'est, pour ainsi dire, transformée, elle est devenue remarquablement prospère. Son agriculture est des plus florissantes. Le crédit a donc vivifié cette contrée, il a donné de la valeur à qui n'en avait pas, il a multiplié celle qui existait, et en même temps, chose connexe, il a contribué à l'amélioration morale des populations stimulées au travail et à l'honneur par l'espoir d'obtenir un « *Cash Credit* » de plus en plus important.

Voilà ce qu'ont fait les « Banques d'Ecosse ». La situation particulièrement stable du pays et les qualités morales des populations ont sans doute favorisé leur succès, mais ce succès résulte essentiellement de l'excellence de leur organisation et il se produira en tous pays si l'on applique avec sagesse les principes qui leur servent de base (1).

*
* *

Si nous portons nos regards par delà la frontière, nous voyons le crédit transformer en Allemagne les conditions d'existence des classes laborieuses.

L'Allemagne est le berceau des Banques populaires. Les « Banques de Crédit Mutuel » ont apporté à l'agriculture, au commerce, à l'industrie, à toutes les branches du travail, des éléments incomparables de progrès et de prospérité.

Les Banques sont établies sur le principe de la mutualité solidaire, c'est-à-dire que chacun des membres de la Mutualité *engage ses biens pour tous d'une façon illimitée jusqu'à l'extinction absolue des dettes de la Société.*

Toutes les personnes honnêtes et laborieuses y ont libre accès. Un comité d'admission, recruté exclusivement parmi les membres, est chargé de statuer sur l'admission des sociétaires.

Quant au principe de « Selbsthülfe », il est adopté dans toute son intégrité, c'est-à-dire qu'il repousse l'intervention de l'Etat d'une façon complète, absolue, aussi bien comme contrôle que comme soutien financier.

---

(1) *Organisation du Crédit au Travail*, par L. Hiernaux.

Les affaires de l'Association sont controlées et dirigées par les membres eux-mêmes, à l'exclusion de toute intervention étrangère.

Les fonds et ressources des Banques proviennent :

1° Des apports des membres : droit d'admission, cotisations mensuelles, versements volontaires ;

2° Des capitaux étrangers obtenus par voie d'emprunt, principalement ceux provenant des dépôts d'épargne ;

3° Comme troisième mode d'emprunt nous devons ajouter le réescompte des billets à ordre négociés aux associés. Ce moyen est communément employé car il est rapide, facile et peu coûteux.

Elles font l'office de Caisses d'épargne et les dépôts sont remboursables à vue ou à terme.

Enfin, les bénéfices et les pertes sont répartis au prorata des parts sociales afférentes à chaque membre.

Les sociétaires ont seuls droit au crédit. L'avance a lieu de plein droit jusqu'à concurrence du « boni » du sociétaire et elle est facilement accordée au delà, jusqu'au double. Pour des sommes supérieures il est exigé des sûretés spéciales soit par répondants, soit par nantissement.

Le système du cautionnement, emprunté aux « Banques d'Ecosse » est le plus communément employé.

La durée des prêts est variable ; en général, cette durée est de trois mois. En cas de force majeure le prêt est renouvelé, sauf consentement des répondants, qui ont le droit de retirer leur garantie.

En vue de faciliter les remboursements les Banques acceptent qu'ils soient effectués en plusieurs versements échelonnés.

Le taux d'intérêt des avances est de 5 à 6 o/o l'an, auquel il faut ajouter 1/4 o/o de provision par mois, ce qui l'élève à 8 ou 9 o/o. Parfois il n'y a pas de provision ; l'intérêt en est d'autant accru.

Ce taux de 8 à 9 o/o peut paraître exagéré, mais les bénéfices qui en résultent sont restitués à la fin de l'année sous forme de dividende.

Les avances sont délivrées contre la remise de simples reçus, billets à ordre ou effets de commerce.

Le prêt sur remise d'effets de commerce n'est autre que l'escompte.

Aux agriculteurs, aux commerçants, aux industriels, aux artisans, les Banques ouvrent des comptes courants et font leur service de caisse prenant encore ainsi exemple sur les Banques d'Ecosse, qu'il est toujours bon d'imiter.

Elles recrutent leurs membres dans toutes les classes, principalement les classes inférieures ; les agriculteurs propriétaires, fermiers représentent 24 o/o du nombre total des membres faisant partie des Banques qui, par leur appel continu à l'épargne, disposent de ressources considérables.

C'est à Delitzsch que fut fondée, en 1849, la première « Banque de Crédit Mutuel ».

Il est intéressant de connaître l'étendue du chemin parcouru, des progrès réalisés.

En 1881, 1,889 Sociétés étaient admises à la Fédération; elles se composaient de 462,219 membres ayant un capital social de 102,374,010 thalers; elles avaient un fonds de réserve de 17,396,052 thalers; elles avaient emprunté ou reçu en dépôt 374,278,415 thalers et consenti des prêts pour 1,472,004,974 thalers!

Le taux d'intérêt a été, en moyenne, de 6 o/o pour les avances accordées aux sociétaires et de 4.02 o/o pour les emprunts contractés par les Banques.

Enfin, les frais généraux se sont élevés à 10 o/o du bénéfice brut qui, cette même année, a été de 8,262,422 marks.

Ces résultats se passent de commentaires; ils démontrent que les Banques se sont étendues à toute l'Allemagne, grandissant d'année en année en nombre et en importance.

Il ne reste plus guère de progrès à réaliser, toutes les villes d'une certaine importance étant actuellement pourvues de leur Association de crédit.

Fait remarquable, ces Banques ont été créées par les efforts d'un seul homme, M. Schulze-Delitzsch, dont le nom brillera parmi ceux des plus grands philanthropes de ce siècle.

Partant de ce principe que le crédit est une arme puissante pour l'amélioration des masses, qu'il procure aux travailleurs un plus grand résultat de leurs efforts, qu'il leur facilite l'épargne, les stimule au travail, qu'il permet enfin à tous, même aux plus humbles, de pouvoir prendre rang un jour parmi les classes supérieures du pays, M. Schulze-Delitzsch résolut de doter l'Allemagne de Banques qui viendraient en aide aux travailleurs.

Il se mit à l'œuvre; pendant longtemps il eut à lutter contre la routine, l'ignorance, contre les préjugés, les jalousies mesquines qui, partout, barrent le chemin au progrès; mais, plein de foi dans l'œuvre qu'il avait entreprise, il put, grâce à son énergie, à sa persévérance courageuse, vaincre tous les obstacles, surmonter toutes les difficultés; le succès le plus grand, nous l'avons vu, couronna ses efforts, et, aujourd'hui, la Fédération des Banques de Crédit Mutuel constitue, en Allemagne, un instrument de crédit plus puissant que la Banque d'Angleterre, plus puissant que la Banque de France.

*
* *

A côté des « Banques de Crédit Mutuel » il existe encore en Allemagne les « Caisses d'avances Raiffeisen », basées aussi sur le principe corporatif.

La responsabilité y est illimitée ou limitée, et les avances n'y sont généralement consenties qu'aux sociétaires.

Ces Caisses fonctionnent dans les villages; elles prêtent aux cultivateurs de la commune où elles sont établies, pour leur faciliter l'achat des engrais, des semences, du bétail, des instruments aratoires et même pour les aider à acquérir des terres, construire des hangars, des habitations. Elles sont donc amenées à consentir des prêts à long terme, jusqu'à cinq ou dix ans; aussi cherchent-elles à négocier des bons de caisse ou obligations portant pour échéance l'époque du remboursement des prêts, à l'instar des Sociétés de Crédit Foncier.

Les « Caisses d'avances Raiffeisen » se sont, comme les « Banques de Crédit Mutuel », rapidement développées; actuellement on en compte plus de sept cents, groupées fédéralement et reliées par une Caisse centrale.

On le voit, l'Allemagne n'a rien à désirer au point de vue de la diffusion du crédit.

***

L'exemple a été suivi en Italie.

Un homme éminent, aujourd'hui ministre des finances, M. Luigi Luzzatti, admirateur de l'œuvre de Schulze-Delitzsch, résolut de doter son pays d'établissements de crédit analogues à ceux qui fonctionnent avec un si grand succès en Allemagne.

Il a réussi.

Aujourd'hui les « Banques Populaires » étendent leur action vivifiante dans toutes les parties de la péninsule où elles ont, ainsi que l'a dit M. Léon Say, réalisé de véritables « merveilles » et où elles sont l'instrument le plus puissant de la richesse de l'Italie, qui est une contrée essentiellement agricole.

Les épargnes du peuple sont recueillies par les Banques qui se ramifient de toutes parts et qui font des avances aux agriculteurs.

Si, dans l'organisation du Crédit Populaire en Italie, M. Luzzatti a suivi le modèle tracé par Schulze-Delitzsch, il est loin cependant de l'avoir copié servilement. Ses institutions diffèrent de celles de l'Allemagne en plusieurs points importants.

Les Banques d'Italie sont régies par la forme anonyme qui exige la détermination d'un capital limité, la division de ce capital en actions d'égale valeur et le versement immédiat, sur les actions souscrites, du dixième au minimum. Ces actions correspondent aux parts sociales allemandes, leur importance varie, suivant les Banques, depuis 10 francs

3

à 100 francs. Leur libération s'opère au moyen de cotisations successives, s'abaissant jusqu'à 1 franc par mois et même 0 fr. 50 par semaine.

Ce sont là des facilités de réunir le capital que ne donne pas la loi française du 24 juillet 1867, qui régit les Sociétés anonymes.

Alors qu'en Allemagne la responsablilité des membres est *indéfinie*, elle est *limitée* en Italie; généralement elle s'arrète au montant des actions souscrites.

Les Banques Italiennes classent les dépôts qui leur sont confiés en deux catégories : les « *dépôts et comptes courants* », qui sont essentiellement commerciaux; ils produisent un intérêt qui excède généralement de 1/2 o/o celui des Caisses d'épargne. Leurs titulaires ont droit aux services de caisse habituels, soit gratuitement, soit au prix d'une rétribution insignifiante; les « *dépôts d'épargne* » remboursables à vue ou à terme; ils sont effectués principalement par les personnes des classes inférieures ; l'intérêt qui leur est alloué est plus élevé que celui des comptes courants, il atteint 5 o/o lorsque l'échéance du remboursement est éloignée.

Les livrets d'épargne sont au porteur ou nominatifs; dans le premier cas, le transfert a lieu sans aucune formalité.

Les «Banques Populaires» en Italie font plus d'avances à l'agriculture que les Banques allemandes. Elles seules accordent des prêts sur l'unique *garantie morale* et à un intérèt nul et réduit qu'on désigne sous le nom de *prêts d'honneur*.

A l'instar des «Banques d'Ecosse», les Banques d'Italie ont érigé de nombreuses succursales dans les campagnes, afin d'y développer l'usage du crédit et aussi d'y recueillir les fonds disponibles.

Toutes indépendantes, institutions expressément locales, elles se trouvent exactement renseignées sur l'honorabilité, l'habileté en affaires et la solvabilité des cultivateurs qui les avoisinent. Ouvrant des comptes de dépôts, même pour les plus faibles sommes, elle se mettent immédiatement en relations avec eux, les forment à la pratique de l'épargne, font fructifier leurs disponibilités, jusqu'à ce qu'elles-mêmes leur confient des fonds. Elles ne prêtent d'ailleurs qu'en tant qu'ils soient devenus leurs actionnaires.

Le crédit qu'elles accordent est, dans la presque totalité des cas, du *crédit personnel;* c'est le vrai crédit, le plus facile, le moins coûteux, le plus moral; il faut le préférer toutes les fois qu'il n'y a pas une évidente imprudence à le faire (1).

Bien que les Banques Italiennes possèdent un portefeuille commercial important, elles sont limitées dans le chiffre des capitaux qu'elles peuvent avancer à l'agriculture. Aussi ont-elles songé à se procurer des ressources

---

(1) *Organisation du Crédit au Travail,* par L. Hiernaux.

à long terme par l'émission d'obligations qu'on a appelées, en raison de leur destination spéciale : *Bons du Trésor de l'Agriculture*, et, en vue de donner une garantie plus grande à ces titres, dix Banques de la province de Trévise se sont constituées en Syndicat ; les bons sont placés sous la responsabilité directe de la Banque qui les émet, mais ils doivent être visés par le président du Syndicat ; l'abus n'est donc pas à craindre.

Ce mode de groupement a donné d'excellents résultats et ces bons sont achetés en grand nombre, à l'intérêt modeste de 4 à 4 1/2 o/o.

Il n'est donc pas surprenant que, comme conséquence des services rendus, le nombre des Banques ait grandi d'année en année, suivant une progression qui s'accentue chaque jour davantage.

Elles pénètrent dans les plus petites localités, desservant surtout les intérêts de l'agriculture et recueillant les épargnes du peuple.

A leur début, souvent elles ne font pas leurs frais, mais elles ne tardent pas à réaliser d'importants bénéfices.

En 1878, le nombre des « Banques Populaires » Italiennes s'élevait à 123 ; elles réunissaient un capital de 40,304,180 francs ; leur fonds de réserve était de 13,336,642 francs, soit plus de 35 o/o du capital versé ; leurs dépôts en comptes courants s'élevaient à 159,438,000 francs, les dépôts d'épargne à 123,993,000 francs ; enfin, leurs bénéfices nets ont été, cette même année, de 3,705,228 francs, représentant 7.71 o/o du capital et de la réserve.

Tels sont les principaux chiffres extraits du bilan au 31 décembre 1878. Le nombre des Banques ayant passé, depuis, de 133 à 270, il faudrait considérablement les augmenter pour les appliquer à la situation actuelle.

On ne peut donc, en présence de tels résultats, que rendre hommage à l'éminent économiste qui a fondé les premières « Banques Populaires », et qui, depuis plus de vingt ans, a consacré tous ses efforts à les guider, à les développer ; malgré sa grande situation politique, ses nombreuses fonctions, M. Luigi Luzzatti n'a cessé de présider la Fédération des Banques Italiennes, de se tenir en relations avec elles, de les encourager, d'inspirer toutes les améliorations dont elles ont été l'objet, et il a sa place à côté de Schulze-Delitzsch, de Raiffeisen, ces grands apôtres de la diffusion du crédit au profit des classes laborieuses.

Grâce à lui, grâce à l'admirable organisation des « Banques Populaires », le problème du Crédit Agricole peut être considéré comme résolu en Italie.

* *

L'Autriche possède un assez grand nombre de Banques ou Caisses identiques à celles de l'Allemagne.

En 1882, il y avait 987 *Caisses d'avances*, mais ceux qui s'adressent à ces Banques sont pour la plus grande partie des artisans, des ouvriers urbains ; quant aux agriculteurs, ils n'y vont qu'en très petit nombre.

En ce qui concerne le Crédit agricole, « l'Autriche est, à cet égard, sur le même pied que la France. Le Crédit agricole mobilier n'existe pas, il est encore à naître » (1).

**

En Belgique, la « *Caisse Générale d'Epargne et de Retraite* » offrait au Gouvernement les conditions d'une institution particulièrement appro priée.

Cette Caisse avait le maniement des fonds d'épargne ; elle possédait l'expérience des mouvements, des dépôts, des retraits et des placements. La loi du 15 avril 1884 l'a autorisée à employer une partie de ses fonds aux agriculteurs, à ouvrir des comptoirs spéciaux, à fixer les conditions des avances et des prêts, à rentrer dans ses créances. Le contrôle de l'Etat a été assuré au moyen de l'autorisation du Ministre des Finances pour la désignation des comptoirs et des règlements généraux.

Les créances de la Caisse ont été garanties par une législation spéciale dont les dispositions sont les suivantes :

1° Les prêts faits aux agriculteurs peuvent être garantis par un privilège sur les mêmes objets que celui qui assure au propriétaire le paiement de ses fermages ;

2° Le privilège doit être inscrit sur un registre tenu par le receveur de l'enregistrement, l'inscription doit être renouvelée au bout de dix ans ;

3° Ce privilège est primé par celui du propriétaire pour trois ans de fermages échus et l'année courante, ainsi que pour les dommages et intérêts en cas d'inexécution des obligations du fermier ;

4° Les droits d'enregistrement sont diminués ;

5° Les actes entre la Caisse générale et ses comptoirs sont enregistrés gratis.

Telles sont les lignes générales de l'organisation du Crédit agricole en Belgique.

**

L'organisation du Crédit agricole en Espagne et en Portugal présente plus d'intérêt.

A l'époque de la grande prospérité de l'Espagne, à la fin du quinzième et pendant le seizième siècle, des maisons de prêts furent établies dans les principales provinces, spécialement dans les deux Castilles, d'après le type des Monts-de-Piété italiens. Le but de ces maisons, nommées « *Positos pios* », était tout autre que celui des Monts-de-Piété. Ces « *Positos pios* » devaient consentir principalement des avances aux agriculteurs. Ils

---

(1) Rapport de M. Foucher de Careil, ambassadeur à Vienne.

constituaient donc de véritables Banques agricoles. Les avances avaient lieu en nature aux époques des semailles ; elles devaient être restituées au moment de la récolte avec un intérêt annuel de 4.16 o/o. Les « *Positos* » faisaient également des avances en argent à raison de 3 o/o par an. Inutile d'insister sur l'importance économique des approvisionnements de semences il y a trois cents ans ; la semence était alors le premier capital agricole.

On comptait en Espagne, à la fin du seizième siècle, 12,000 de ces « *Positos* ». Répondant à de grands besoins, ils résistèrent assez bien à la décadence de l'Espagne. A la fin du dix-huitième siècle, il y avait en Espagne 9,604 « *Positos* » disposant d'un capital de 120 millions de francs. Mais les guerres et les révolutions du dix-neuvième siècle leur ont été funestes. En 1866, ils étaient réduits à 3,400, avec un capital de 35 millions.

Le gouvernement d'Alphonse XII a dressé une enquête de l'état général des « *Positos,* » dont l'organisation a été réglementée par une loi spéciale. Les principales dispositions de cette loi forment dans leur ensemble une véritable organisation du Crédit agricole :

1° Une commission permanente contrôle dans chaque province les opérations des « *Positos* » ;

2° Cette commission a tous pouvoirs pour liquider, reconstituer les « *Positos* », leur restituer les biens et valeurs leur appartenant ;

3° Les « *Positos* » sont administrés par les municipalités.

Les prêts doivent être faits dans les mêmes conditions qu'autrefois, en nature ou en argent. Le taux d'intérêt est de 50 centimes par mois, soit 6 o/o par an. Les immeubles appartenant aux « *Positos* » doivent être vendus, et les fonds en provenant doivent être employés en prêts, toutefois les greniers et magasins sont conservés. Les membres des municipalités sont responsables solidairement de la gestion des « *Positos* ». Toutes leurs opérations sont constatées par une comptabilité particulière et vérifiées par des inspecteurs de l'Etat. Enfin, les bénéfices accroissent la masse, sous déduction d'un sixième alloué aux municipalités.

L'institution si ancienne, si considérable, si vivace des « *Positos* » caractérise l'agriculture espagnole. Elle doit être sérieusement étudiée, car il y a là une remarquable expérience de l'association agricole.

**

En Portugal, l'organisation du Crédit agricole doit moins au passé ; cependant cette organisation a pour fondement les propriétés et capitaux appartenant aux anciens établissements de bienfaisance. Ces établissements ont dû vendre leurs immeubles et ont été autorisés à en employer la valeur, fixée à 47 millions de francs, en prêts aux agriculteurs. Une loi spéciale a réglé tout ce qui concernait les opérations agricoles de ces étalissements. Cette loi leur donne la faculté de concourir à la fondation de Banques agricoles. Ainsi, la « *Banque de Viseu* » a été constituée par l'établissement de bienfaisance de Viseu. Les Banques agricoles ne peuvent faire que les opérations suivantes : Avancer les capitaux nécessaires pour l'exploitation, l'amélioration, la conservation de la propriété rurale, ainsi que pour le développement des opérations de culture ; prêter aux propriétaires pour acheter des matières premières et des machines ; enfin, recevoir des dépôts à intérêt et faire fonction de Caisses d'épargne. A cet effet, les « Banques agricoles » sont autorisées :

1º A prêter sur gages, sur rentes en nantissement et sur caution ;

2º A escompter des lettres de change ;

3º A faire des avances en compte courant ;

4º A émettre des titres fiduciaires ou obligations représentant les prêts réalisés. Les conditions des prêts sont fixées par la loi :

1º Les avances ne peuvent être faites que pour des opérations agricoles dans le ressort de chaque Banque à un terme de six mois à quatre ans ;

2º Elles doivent être toutes gagées en biens mobiliers, mobilier agricole, bétail, hypothèques, cautions solvables. Si le gage se rattache à la profession de l'emprunteur, il peut demeurer en sa possession ;

3º Les escomptes de lettres de change et les avances en comptes courants sont soumis aux mêmes garanties que les autres opérations, sans que le délai des crédits non couverts par des hypothèques puisse excéder deux ans ;

4º Les banques ne jouissent d'aucun privilège spécial, sauf la faculté d'opérer des saisies-arrêts sans autorisation ;

5º L'emprunteur qui a disposé du gage laissé à sa disposition est passible de peines correctionnelles. .

La loi portugaise a réglé également les opérations des « Banques agricoles » comme Caisses d'épargne ; elles peuvent recevoir en dépôt toutes matières d'or et d'argent, ainsi que l'argent monnayé et toutes valeurs mobilières. L'intérêt servi ne peut excéder 3 o/o.

L'organisation du Crédit agricole en Portugal est donc complète : ressources, instruments, législation. L'ensemble est très remarquable.

***

Enfin, la Roumanie s'est donné en 1881 une loi sur l'institution de « *Caisses de Crédit agricole* ».

Cette loi est trop récente pour qu'elle ait pu déjà produire des résultats nombreux et décisifs, toutefois elle s'annonce comme devant procurer de grandes facilités à l'exploitation du sol.

Voici ce qu'en dit M. Arellano dans sa réponse à l'enquête faite par la « Société nationale d'Agriculture de France » :

« Quoique l'institution ne date que de quatre ans, elle rend déjà de grands services à l'agriculture. Non seulement les fermiers, mais même les petits propriétaires, les paysans, profitent des facilités de cette institution. Nous espérons que, dans quelques années, chaque arrondissement aura sa « Caisse de Crédit agricole. »

Partout, enfin, à l'étranger, fonctionnent des Etablissements de « Crédit agricole » qui mettent libéralement à la disposition des ouvriers de la terre les capitaux et les éléments de crédit qui leur sont nécessaires.

LE CRÉDIT AGRICOLE EN FRANCE

Le « Crédit agricole » proprement dit n'existe pas en France et c'est là une des causes principales du malaise, des souffrances de l'agriculture.

Les économistes et les financiers qui ont étudié la manière de l'organiser se sont heurtés à de grandes difficultés, car on se trouve ici en présence de circonstances particulières.

L'éducation économique des populations rurales est encore à faire : l'ignorance, la routine, le faux amour-propre du paysan ont été, jusqu'à ce jour, de sérieux obstacles à l'organisation du Crédit agricole.

Le paysan est honteux quand il emprunte. Il a longtemps emprunté aux notaires, sans savoir le plus souvent quel était son prêteur. Le paysan ne se rend jamais chez le banquier ; il attend, pour lui emprunter, que sa gêne soit extrême et qu'il se sente perdu, c'est-à-dire réduit à accepter les conditions qui lui sont faites, quelque dures qu'elles soient.

De plus, au contraire du commerçant, pendant longtemps le paysan s'est fait des échéances une étrange idée ; il n'a eu aucun souci d'exactitude et a mis quelquefois une sorte d'amour-propre, même quand il avait des fonds dans les mains, à ne pas s'acquitter de ses engagements.

On doit cependant reconnaître que depuis 1870, les intérêts agricoles ont été l'objet d'une constante sollicitude ; on a reconstitué l'enseignement agricole supérieur, dans les écoles primaires on commence à apprendre aux jeunes générations que l'emprunt n'est que l'achat d'une marchandise, ce que c'est que le crédit, par quelles qualités personnelles on l'acquiert, par quels procédés on l'utilise, par quelles méthodes on l'augmente ; et, s'il reste beaucoup à faire au point de vue de l'éducation économique de l'habitant des campagnes, nous ne croyons pas que son ignorance, qui bientôt aura disparu, soit un obstacle à l'organisation du Crédit agricole.

Certains esprits craintifs supposent dangereux d'ouvrir aux cultivateurs les sources du crédit, parce qu'on les pousserait ainsi à la ruine.

On ne saurait nier que des abus se soient, en effet, produits, et on n'ignore pas que dans certains pays, par exemple, des cultivateurs, cédant aux insinuations d'usuriers, ont cru, en reculant volontairement l'échéance de leurs obligations, se procurer des facilités qui n'ont abouti trop souvent pour eux qu'à des désastres. Mais si ces abus se sont présentés, cela tenait à ce que le crédit avait été mal compris et surtout mal appliqué. Actuellement nos cultivateurs sont plus éclairés et se trouvent mieux à même ainsi d'apprécier l'utilité, les conditions et le maniement du crédit ; nous sommes convaincu, au contraire, qu'il y a dans l'organisation du Crédit agricole un intérêt de moralité publique, puisqu'on mettrait ainsi fin aux abus dont les cultivateurs sont les victimes, en les soustrayant aux exigences des usuriers de campagne dont ils ont tant à souffrir.

Ils disent aussi que les enquêtes attestent que le Crédit agricole existe depuis longtemps partout où le cultivateur fait preuve de probité et de travail, qu'il manque là seulement où l'emprunteur ne possède point de crédit personnel, et que pour les gens de cette sorte, dépensiers, imprudents et malhonnêtes, tout secours officiel serait une injustice et une maladresse.

Le propriétaire qui exploite lui-même possède en effet les capitaux nécessaires, mais en général il hésite encore à en prêter suffisamment à la terre, dont la valeur est aujourd'hui dépréciée, et souvent il préfère les placer en valeurs mobilières, cédant à l'appât de revenus plus élevés et dont la rentrée lui paraît à la fois plus facile et plus certaine.

C'est ainsi que les capitaux mal conseillés, mal dirigés ont jusqu'à ce jour déserté la terre pour se porter de préférence vers la spéculation ou vers des entreprises qui s'exploitent à l'étranger sans contrôle, sans intérêt direct pour notre pays, et c'est là une des causes prépondérantes de l'état d'infériorité de notre agriculture.

Quand on songe aux milliards qui depuis vingt ans ont été arrachés à l'épargne nationale par les jeux de Bourse et les emprunts exotiques, l'esprit reste frappé d'étonnement, on se demande quels trésors nous n'aurions pas fait jaillir de notre sol avec ces ressources aujourd'hui perdues.

On revient aujourd'hui à une appréciation plus saine de ce noble métier des champs où tous les agents de production, terre, capital et travail, sont le plus souvent réunis dans les mêmes mains, assurant ainsi l'indépendance du producteur.

Quant aux fermiers et locataires, bien rarement ils sont pourvus des capitaux nécessaires à une bonne exploitation rurale.

Quand il se recommande par sa probité, ses habitudes d'ordre, de travail et d'économie, le cultivateur trouve toujours, il est vrai, un certain crédit pour ses besoins journaliers. Tous ses fournisseurs, le charron, le maréchal ferrant, le fabricant d'instruments de culture, lui accordent habituellement des délais de paiement jusqu'à la réalisation des récoltes; le marchand de grains lui en fait volontiers l'avance pour semaille ou nourriture, moyennant une promesse de paiement sur les produits de la récolte à venir.

Pour se procurer les engrais dont il a besoin, base essentielle de la culture, il obtient aussi crédit, mais à des conditions désastreuses.

En effet quelle est la position de l'agriculteur, à l'égard de certains marchands d'engrais? Il n'a pas les fonds pour acheter au comptant, il a besoin de crédit, il ne peut acheter qu'à un an ou quinze mois de terme.

Le marchand qui se découvre pendant quinze mois ne peut se contenter d'un profit ordinaire. Pour racheter ce désavantage, il exagère son profit; ne pouvant élever un prix que repousserait l'acheteur, il a recours à la fraude qui le dissimule. Dans ces conditions, la fraude est inévitable.

Mais, au surplus, ce n'est pas seulement pour ses besoins journaliers ou pour acheter des instruments et des engrais que le cultivateur a besoin de crédit, c'est encore, pour des bestiaux, des bâtiments d'exploitation, des travaux de drainage, d'irrigation et tant d'autres; dans ces divers cas, le petit cultivateur, et c'est celui-là surtout qui nous occupe, trouve difficilement à emprunter sans avoir à subir des conditions désastreuses.

Il existe dans les villes industrielles, dans les centres commerciaux, un véritable cours de l'argent; cela tient à la multiplicité des banques et des prêteurs. Dans les campagnes, rien de semblable.

Quand un ouvrier agricole, un fermier, un petit propriétaire a besoin d'acheter des engrais, des semences, des bestiaux, des machines; qu'il cherche une somme minime de cent, deux cents, cinq cents francs, il est loin de tout centre commercial, il lui faut franchir une longue distance, perdre une journée de travail pour aller à la petite ville voisine trouver un prêteur, qui lui fait payer beaucoup plus cher que dans les grands centres; il est forcé d'accepter les conditions de ce prêteur unique, possesseur d'une sorte de monopole local.

Ici la concurrence existe entre les emprunteurs et non plus entre les prêteurs. Un fermier qui a besoin d'argent pour acheter des engrais, des semences, du bétail, pour payer le salaire si élevé aujourd'hui de la fenaison, de la moisson, de la vendange, ne recule pas devant le taux onéreux de l'argent.

4

Quand il ne veut ou ne peut aller chez le notaire ou le banquier, il s'adresse à un parent, à un voisin plus riche et lui emprunte à huis clos, plutôt que de recourir à l'acte public de l'hypothèque, dont la publicité a encore mauvais renom en province; il dissimule son contrat usuraire pour ne pas perdre le crédit qui lui reste, contrat que le prêteur a autant que lui intérêt à cacher.

Le paysan est aussi fin que le prêteur et, quand il subit des conditions dures, c'est qu'elles sont indispensables pour obtenir ce qu'il désire ou ce dont il ne peut se passer. Il a besoin d'une vache, il veut des outils ; s'il ne trouve pas d'argent à dix pour cent, il achètera à crédit et il paiera trente et quarante pour cent.

A de rares exceptions près, le cultivateur-fermier, indépendamment de son honorabilité, n'a pour emprunter que la garantie de ses récoltes, de ses bestiaux, de ses instruments de culture. Jusqu'ici aucune de ces valeurs n'a pu lui servir d'instrument de crédit pour deux raisons : la première, c'est que le propriétaire est nanti, pour l'exercice du bail, d'un privilège qui immobilise le gage; la seconde provient du régime légal du nantissement.

Pour obtenir des avances, le fermier devrait pouvoir, comme cela se pratique à l'étranger, donner en gage ses récoltes et son matériel. Cela lui est actuellement impossible, car la loi exige que le nantissement soit matériellement remis au prêteur. Comme le fermier a besoin de conserver l'usage de ses instruments de travail, il ne peut s'en dessaisir.

Il se trouve ici des valeurs énormes, qu'on ne saurait évaluer à moins de « *douze milliards* », immobilisées et condamnées à l'inaction.

Enfin, jusqu'à présent, la loi ne reconnaît pas l'agriculteur comme commerçant. Il n'est justiciable que des tribunaux civils; comme conséquence, sa signature ne peut circuler aussi facilement que celle de l'industriel et du commerçant.

Ce sont ces obstacles qui ont paralysé, jusqu'à un certain point, les efforts tentés, jusqu'à ce jour, par des financiers ignorants d'ailleurs des choses de la campagne, et qui ne pouvaient suffire à mener à bien une œuvre essentiellement rurale.

Quoi qu'il en soit, si on peut affirmer que le Crédit agricole n'existe nulle part en France, il n'y a aucun doute sur les services à attendre de son organisation et sur l'urgence de venir en aide aux agriculteurs.

Ce qui le démontre surabondamment, ce sont les vœux émis à différentes reprises par les représentants les plus autorisés de l'agriculture française qui réclament avec instance les moyens d'améliorer, de renouveler, de transformer son outillage, de simplifier ses frais d'exploitation, de vivifier, en un mot, la principale source de la fortune publique.

**

Ce n'est pas d'aujourd'hui que le Gouvernement se préoccupe des moyens à employer pour faire profiter l'agriculture des ressources de crédit qui ont transformé les conditions d'existence des autres branches du travail national.

Dès 1840, le Conseil Général de l'Agriculture, des Manufactures et du Commerce avait demandé qu'on fit étudier les procédés employés dans les pays étrangers pour dispenser le crédit aux exploitants du sol.

En 1843, à la suite d'une laborieuse enquête, il demanda l'introduction en France d'institutions analogues aux Sociétés de crédit foncier allemandes et la continuation des études sur l'organisation du Crédit agricole.

En 1848, en 1852, on fit de nouvelles enquêtes ; en 1856, une nouvelle Commission fut chargée d'étudier à nouveau les mesures à prendre à ce sujet.

C'était peu de temps après la création du Crédit foncier de France ; il était déjà prouvé que cet établissement n'intéressait que les propriétaires et que, s'il était vrai qu'en leur donnant des facilités pour améliorer la terre il intéressait directement la production agricole, il était néanmoins juste de reconnaître que le simple cultivateur, fermier ou métayer, qui n'a d'autres gages à offrir que son honorabilité et son travail, n'y trouvait aucun secours.

Après de longues investigations, cette Commission conclut, se préoccupant moins de faire naître des capitaux pour les besoins de l'agriculture que de la mettre à même de profiter de ceux existants, à la création d'un établissement de crédit devant servir d'intermédiaire entre les cultivateurs et les capitalistes, garantissant par sa solvabilité celle de l'emprunteur, lui donnant la facilité de bénéficier, comme le commerçant et l'industriel, des avantages que pourrait lui procurer l'escompte du papier à la Banque de France.

L'initiative individuelle étant restée inactive, le 5 janvier 1860 parut une lettre Impériale appelant de nouveau l'attention publique sur la nécessité de faire participer l'agriculture aux bienfaits des institutions de crédit.

Peu de temps après, le Gouvernement demanda aux fondateurs du Crédit foncier de France de compléter leur œuvre en s'occupant de la création d'un établissement de Crédit agricole.

Par leur initiative fut fondé le « *Crédit agricole* », ayant pour but principal de procurer des capitaux ou des crédits à l'agriculture et aux industries s'y rattachant.

Cette Société fut autorisée à recevoir des capitaux en dépôt, avec ou sans intérêt, et à créer et négocier des titres, pour les besoins de ses opérations, jusqu'à concurrence des prêts consentis par elle.

Ayant pour objet principal l'escompte du papier aux cultivateurs, elle était obligée, par ses statuts, à ne recevoir que des effets révêtus de deux signatures au moins, dont l'une émanant de personnes admises au bénéfice de l'escompte et de la garantie de la Société. Elle demanda cette signature à des banquiers correspondants, agissant sous leur responsabilité personnelle, à des agents qui opéraient sous l'impulsion et le contrôle immédiat de la Société, enfin à des associations créées sous son patronage et ayant avec elle des liens résultant de leurs statuts ou de conventions particulières.

Le « Crédit agricole » a obtenu des résultats dont il serait injuste de contester l'importance financière ; il a, en dix ans, favorisé l'escompte de plusieurs milliards de papier ayant une origine agricole. Mais, étendant ses opérations à d'autres industries, contrairement à l'esprit de son pacte fondamental, il échoua misérablement, non pas, comme on l'a dit, parce qu'il ne pouvait pas vivre des seules opérations avec l'agriculture, mais comme on l'a prouvé, pièces en mains, parce que, dirigé par des chefs imprudents et mal surveillés, il avait cherché dans des spéculations hasardeuses et d'une moralité équivoque des succès rapides et des gains excessifs, au lieu des bénéfices modérés et lentement acquis, peut-être, que l'agriculture lui eût procurés.

On peut affirmer hautement que les affaires purement agricoles furent étrangères à la ruine de cet établissement.

Sur dix-sept agences fondées en province, douze réussirent, et leurs chefs réalisèrent de véritables fortunes : cinq mal dirigées, et surtout mal surveillées, mirent la Société en déficit.

M. Christophle, gouverneur du Crédit foncier de France, appelé à s'expliquer sur les causes de la liquidation du « Crédit agricole », déclarait en 1880 :

« Ce sont les spéculations rendues possibles par le mode de consti-
» tution de la Société qui ont amené sa ruine. Dans les valeurs diverses,
» un demi-million de perte sur une affaire purement industrielle, sans
» compter les déceptions sur les Ottomans et la Rente turque. Dans le
» chiffre des prêts, un demi-million de perte sur une affaire de charbon-
» nages, trois millions et demi de perte sur une spéculation d'eau-de-vie.
» Dans les correspondants, un million six cent mille francs de déficit pour
» un tapissier, même somme pour des billets faux, etc., etc.! »

Dans tout cela, comme on le voit, rien d'agricole. Il est permis d'affirmer que si les opérations de cette institution avaient été, comme elles devaient l'être, limitées aux seuls cultivateurs, sans but de spéculation, dans l'intérêt exclusif des travaux agricoles, sa situation serait aujourd'hui florissante et elle aurait rendu au pays de réels services.

Depuis la chute du « *Crédit agricole* », tous les essais qui ont été tentés pour mettre le crédit à la portée des populations des campagnes ont échoué.

[*]

Une nouvelle Commission fut encore chargée en 1880 d'étudier la question.

Le rapport qu'elle présenta fut remarquable et aboutit au dépôt d'un projet de loi ayant pour but principal d'apporter à la législation certaines modifications qui, dans l'esprit de la Commission, auraient pour conséquence de hâter l'organisation du « Crédit agricole ».

Ce rapport concluait ainsi :

Que des modifications importantes devaient être apportées aux lois qui régissent les prêts à l'agriculture ;

Qu'il y a nécessité de favoriser la création de Banques ayant pour objet de mettre des capitaux à la disposition des agriculteurs ;

Que la création de ces Banques doit être laissée à l'initiative privée.

Les conclusions de ce rapport ont fait l'objet d'un projet de loi qui a été soumis à la sanction du Parlement.

Les réformes proposées par le Gouvernement et la Commission visaient trois points principaux.

Le but à atteindre était de permettre aux fermiers d'emprunter sur leurs valeurs sans l'obligation de les remettre au bailleur de fonds. Il s'agissait de trouver un système qui offrît à ces derniers la même sécurité que la possession matérielle du gage, c'est-à-dire qui donnât aux prêteurs la certitude que le débiteur ne détournerait pas indûment la garantie en la vendant à des tiers.

D'après le projet du Gouvernement, lorsque le fermier emprunterait sur son matériel, il devrait être dressé un acte de gage qui pourrait être sous signatures privées et que les deux parties, si elles ne savent pas écrire ou si elles se défient de leur inexpérience en la matière, pourraient remplacer par une déclaration faite en présence du receveur de l'enregistrement. Cet acte constituerait le titre de nantissement.

L'acte ou la déclaration serait immédiatement transcrit sur un registre spécial tenu par ordre de date au bureau d'enregistrement, et que tout le monde pourrait consulter ; à partir de cette transcription, le fermier serait dans l'impossibilité de disposer des objets remis en nantissement sous peine d'encourir les peines édictées pour l'abus de confiance. Dans ce dernier cas, le prêteur aurait le droit de revendiquer les objets vendus entre les mains des acheteurs, parce que ceux-ci seraient répréhensibles de n'avoir pas consulté le registre de l'enregistrement pour y apprendre que les valeurs n'étaient pas disponibles.

Ce système n'était d'ailleurs que l'application aux récoltes et au matériel de culture des règles depuis longtemps en usage pour les immeubles. On sait que toute vente en l'espèce n'est définitive que par sa transcription sur le registre des hypothèques, et que, pour savoir si un bien peut être ou non librement aliéné par son propriétaire, l'acheteur est tenu d'aller consulter le registre.

On avait cru par cette réforme qu'il serait possible de venir en aide aux cultivateurs en toute sécurité, et de leur apporter des capitaux qui seraient garantis d'une façon aussi absolue que par l'hypothèque d'une propriété foncière.

Le second objet de la réforme proposée était une conséquence du premier.

Il avait paru nécessaire, à l'effet de fortifier le nantissement, de limiter le privilège du propriétaire sur les récoltes et sur le matériel d'exploitation.

D'après la législation alors en vigueur, le propriétaire avait une action indéfinie sur ces objets pour le paiement de tous les termes de la location et pour l'exécution des clauses du bail.

Peu importait que le gage soit visiblement supérieur à la créance probable du bailleur. La loi voulait que cette créance soit évaluée au montant cumulé de tous les termes du fermage, de telle sorte que si, par exemple, un domaine était affermé pour neuf ans moyennant dix mille francs, on y ajoutait une somme indéterminée pour les dommages et indemnités pouvant résulter de la mauvaise gestion des biens. Cette créance absorbait ainsi, dans presque tous les cas, la valeur des récoltes et du matériel agricole.

La Commission d'enquête a pensé que les droits du propriétaire seraient suffisamment protégés si on lui accordait un privilège pour deux ans et demi de fermages. Il lui appartient, en effet, de ne pas laisser s'accumuler les annuités; c'est en général une tolérance ruineuse pour les fermiers. Après cette période de deux ans et demi, le propriétaire est en faute.

En conséquence, à l'avenir, les objets à remettre en nantissement ne seraient affectés que dans ces limites au privilège du propriétaire. Toute la valeur supplémentaire constituerait le crédit du fermier et pourrait lui servir à obtenir des avances sur nantissement.

Enfin, les cultivateurs seraient assimilés aux commerçants pour les actes de commerce et les engagements qu'ils auraient souscrits, endossés ou garantis.

Tel fut en résumé, et dans ses dispositions essentielles, le projet de loi qui fut présenté par le Gouvernement.

Le Sénat en rejeta toutes les dispositions principales et il ne resta de ce projet de loi relatif au Crédit agricole que la diminution du privilège du propriétaire et l'attribution en cas d'incendie de l'indemnité d'assurance au propriétaire.

« L'historique du Crédit agricole en France peut donc se résumer en deux mots : Vœux émis en 1845 en faveur de l'organisation du Crédit mobilier agricole et loi votée le 6 mars 1888.

» C'était, et devait être une loi sur le Crédit agricole, mais on l'avait tant émondée, on lui avait enlevé tant de branches, les unes parasites, les autres qui l'étaient peut-être moins, qu'après le vote final, le Président fit cette observation, singulière assurément, sans précédent, que l'on ne pouvait guère maintenir à la loi le nom qui lui été avait donné tout d'abord, puisqu'elle n'avait qu'un rapport très indirect avec le Crédit agricole...

» Voilà l'histoire du Crédit agricole en France et le résultat auquel a enfin abouti le vœu émis il y a quarante-trois ans (1). »

*
* *

Cet insuccès ne découragea pas le Gouvernement pas plus que les agriculteurs, qui continuèrent, par l'intermédiaire des Sociétés d'agriculture et des Syndicats agricoles, à porter leurs doléances auprès des Pouvoirs publics.

Lors du Congrès international agricole de 1889, dans lequel se sont agitées les questions agricoles qui préoccupent le monde entier, celle du Crédit agricole occupa le premier rang.

Après une discussion, à laquelle prirent part les économistes les plus éminents, MM. Léon Say, de Malarce, etc., le Congrès décida qu'une délégation prise dans son sein, qui lui survivrait, aurait pour mission de rechercher la solution du Crédit agricole, au moins en ce qui concerne la France.

Cette Commission se mit à l'œuvre et, après plusieurs mois de travaux, elle réunit les matériaux d'un projet de loi présenté tout récemment au vote de la Chambre des députés par M. Méline, ancien Ministre de l'Agriculture, et plusieurs autres de ses collègues, projet de loi qui a la prétention d'organiser enfin dans notre pays le Crédit agricole.

Ce projet de loi, voté en première lecture par la Chambre des Députés, dans sa séance du 16 juin dernier, a été suivi du dépôt d'un

---

(1) Discours de M. Beernaert, Ministre des Finances au Parlement belge.

deuxième projet de loi, corollaire du premier, déposé par M. Develle, Ministre de l'Agriculture, et tendant à la création, sous le contrôle, le patronage et la garantie de l'Etat, d'une « *Banque Centrale de Crédit Agricole et Populaire* ».

Ce projet de loi est actuellement soumis aux délibérations du Parlement.

Ces divers projets prouvent, tout au moins, que la question du Crédit agricole préoccupe sérieusement les Pouvoirs publics, que plus que jamais elle est à l'ordre du jour.

Après tant d'études, tant d'efforts, après tant d'enquêtes, de congrès, de commissions, de rapports, de discours, de projets de loi, va-t-on enfin aboutir ; c'est ce que nous allons examiner.

ORGANISATION DU CRÉDIT AGRICOLE

Pendant le cours des travaux des Commissions qui se sont successivement occupées de l'organisation du Crédit agricole, de nombreux systèmes ont été proposés.

Les uns tendaient à supprimer le privilège de la Banque de France proposant comme moyen d'action l'émission de billets dont, dans certains cas, le cours serait forcé.

Ces divers systèmes se heurtaient contre un obstacle insurmontable : les lois portant création de la Banque de France, en date des 24 germinal et 4 floréal an XI dont les dispositions ont toujours été répétées dans toutes celles qui ont prorogé son privilège.

D'autres demandaient de mobiliser, par l'émission de Bons hypothécaires, le sol national voulant ainsi renouveler la désastreuse expérience des assignats.

On a demandé aussi le concours financier des Caisses d'épargne, ainsi que cela se pratique dans certains pays. Sans ses épargnes, dit-on, on pourra faire des lois, créer des organismes quelconques, mais législations et institutions manqueront de l'aliment, de la force nécessaires à leur mise en œuvre, resteront à l'état de lettre morte.

Evidemment, il en devrait être des fonds d'épargne à peu près comme de cette humidité que le soleil pompe sur toute la surface du globe terrestre, qu'il condense en nuages et qu'ensuite il déverse, au moment opportun, sur tous les points où il l'a recueillie, pour arroser la terre et la rendre féconde. Restituer, après les avoir réunies, aux diverses localités, aux différentes régions, les molécules des capitaux qui s'y sont formés, voilà quel devrait être le rôle des Caisses d'épargne.

Une tentation de dépenses pour l'Etat, une occasion permanente d'entraînement, des ressources extra-budgétaires qui sollicitent, en quelque sorte, le Trésor aux entreprises inutiles et au gaspillage, voilà à quoi aboutissent les énormes sommes d'environ deux milliards qui s'entassent dans nos Caisses d'épargne.

Nous voudrions aussi employer à la production, à la commandite de l'agriculture, du commerce, de l'industrie, les épargnes du peuple ; nous voudrions enfin que les Caisses d'épargne ne fussent plus de simples intermédiaires entre le Trésor public et les déposants ; mais nous croyons que c'est se faire illusion d'espérer obtenir un tel résultat, du moins quant à présent.

Cette question a rencontré dans le public, dans la presse et dans le Parlement, de zélés partisans, mais le directeur général de la Caisse d'amortissement, avec l'autorité que lui donnent ses fonctions et sa connaissance approfondie de ces matières spéciales, a répondu à ces propositions par les observations suivantes :

« Si les capitaux reçus en dépôt par les Caisses d'épargne devaient
» être employés pour faire des avances aux cultivateurs, on méconnaîtrait
» le principe de la non-intervention de l'Etat dans les opérations du
» Crédit agricole. En effet, les fonds versés par les déposants dans les
» Caisses d'épargne sont transmis à la Caisse des Dépôts et Consignations,
» qui les met à la disposition du Trésor. Le Trésor en fait recette et paie
» de ce chef un intérêt de 4 o/o. Mais, par le fait même de l'emploi qu'il
» se réserve de ces capitaux, l'Etat en est responsable vis-à-vis des inté-
» ressés. En faisant servir les dépôts aux prêts à l'agriculture, on
» instituerait donc l'Etat prêteur ; c'est une condition qui a déjà été
» écartée.

» Puis il pourrait être imprudent de livrer ainsi les Caisses d'épargne
» aux spéculations. A cet égard, les sinistres qui ont atteint quelquefois
» les établissements de ce genre à l'étranger sont des avertissements, des
» exemples, qui doivent régler ce mode d'organisation. »

Enfin, et ceux-là les plus nombreux et les puissants, demandaient et demandent encore la création d'Etablissements financiers créés par l'Etat ou tout au moins sous son contrôle et sous sa garantie.

Chaque fois que la question du Crédit agricole a été agitée dans les Assemblées, Conseils généraux, Sociétés et Congrès d'agriculture, l'opinion générale s'est toujours prononcée contre toute intervention directe des pouvoirs publics.

C'est qu'en effet, ainsi qu'on peut le lire dans le Recueil des délibérations de la Commission supérieure de l'enquête agricole :

« L'Etat ne doit intervenir que pour la sécurité, la protection et la
» bonne économie de l'organisation sociale qu'il assure ; son rôle est de
» faire disparaître les obstacles, de créer des facilités, de favoriser

5

» l'initiative particulière par des mesures générales et non pas de s'associer
» à des efforts, à des combinaisons d'ordre privé.

» Administrer et commercer sont deux choses essentiellement
» distinctes. Le gain est le but du commerce, quel que soit le résultat
» qui en sorte pour l'intérêt général, tandis que l'intérêt général, le bien
» absolu dégagé du gain, est le but, l'idéal poursuivi par l'Administration.

» L'agriculture, comme toutes les autres industries et les opérations
» de l'activité humaine, doit se suffire à elle-même.

» L'Etat, d'ailleurs, n'est point un capitaliste; il n'a de moyens
» d'action que ceux qui lui sont fournis par le budget; ce serait donc dans
» la caisse de la nation, c'est-à-dire de tous, qu'il irait puiser les fonds à
» l'aide desquels il favoriserait les intérêts privés de quelques-uns.

» L'intervention de l'Etat n'est donc point admissible.

» La liberté d'action la plus complète doit être laissée à l'industrie
» privée, qui trouvera des combinaisons pour réaliser dans les meilleures
» conditions l'organisation du Crédit agricole mobilier, non pas immé-
» diatement peut-être, mais peu à peu, au fur et à mesure que se fera
» l'éducation financière des prêteurs et des emprunteurs pour cette nature
» spéciale d'opérations.

» En secondant la création de Sociétés placées sous son patronage,
» l'Etat ne favoriserait que celle de grandes Compagnies, que l'on présente
» trop souvent comme pouvant seules réaliser des avantages excep-
» tionnels. On suppose à tort, en effet, que ces grandes Compagnies
» peuvent seules fournir des capitaux à bon marché. Ce sont des illusions
» dont il importe de faire justice.

» Le bon marché des capitaux que l'on attend de l'intervention de
» ces établissements peut être également obtenu de petites Sociétés et
» même de simples capitalistes, attendu que ce bon marché dépend de
» la rareté ou de l'abondance des capitaux, de la loi de l'offre et de la
» demande, loi que les grands établissements subissent comme tout
» le monde.

» D'autre part, le crédit agricole est un crédit qui se détaille, et pour
» l'application duquel le prêteur a besoin d'être rapproché du débiteur,
» ainsi que des gages que ce dernier peut offrir. A ce point de vue, les
» Banques départementales seront mieux placées que les grands
» établissements pour faire les opérations de crédit dont il s'agit. »

Reste le projet de loi, le plus sérieux, celui dû à l'initiative de
M. Méline, ancien Ministre de l'Agriculture, et voté en première lecture
par la Chambre des députés le 16 juin dernier.

*
* *

La loi du 21 mars 1884, qui a établi pour les Syndicats professionnels le libre exercice du droit d'association, a mis à la disposition des agriculteurs un élément incomparable de progrès, elle leur a permis de se réunir, de se grouper en vue de défendre leurs intérêts et de traiter toutes les questions techniques et commerciales intéressant l'agriculture, telles que l'achat en commun des engrais, des semences, des machines, etc.

C'étaient au début des Sociétés d'études ; c'est ainsi que les définissait d'ailleurs la loi de 1884. Elles ont accueilli dans leur sein, non seulement des agriculteurs exploitant le sol, mais même des citoyens dévoués, apportant une cotisation ayant pour objet de constituer un petit fonds de roulement indispensable pour les frais d'administration du Syndicat.

Puis, les Syndicats ont grandi, se sont émancipés, ils ont fait des opérations de vente et d'achat, ils ont acheté surtout des engrais, des semences et des machines pour le compte de leurs adhérents. Ces achats, le plus souvent, ont été faits au comptant. Le rôle des Syndicats ainsi limité, a rendu de véritables services à l'agriculture, il a eu pour résultat principal de moraliser le commerce des engrais et de rendre plus difficiles les fraudes dont étaient victimes les agriculteurs.

Les Syndicats agricoles ont pris de rapides développements, ils se sont multipliés dans toutes les parties du pays ; il y en a actuellement 862, groupant plus de 200,000 agriculteurs.

Sur ces 862 Syndicats, 394 sont des Syndicats communaux, 184 sont cantonaux, 132 sont d'arrondissement et 82 sont départementaux ; quelques-uns comptent 4,000 membres et même plus.

La loi de 1884 a limité le champ d'action des Syndicats, ils ne peuvent faire leurs opérations qu'au comptant. M. Méline a fait un pas de plus. Voyant les services rendus par les Syndicats agricoles, M. Méline s'est dit : Si nous leur accordions, par une légère déviation à la loi de 1884, le droit de faire du crédit, de faire des achats et des ventes à terme, quels services ne rendrions-nous pas aux agriculteurs ? Le Crédit agricole ne serait-il pas à moitié fondé en France (1) ?

M. Méline donne aux Syndicats le droit de se transformer en Sociétés de crédit mutuel, mais sans se constituer toutefois en Sociétés commerciales.

Ces Sociétés ne pourront émettre d'actions, les émissions sont interdites. Ce principe est emprunté aux Banques d'Allemagne fondées par Raiffeisen.

Le capital se composera soit de cotisations fixes, soit de parts d'intérêt qui pourront varier à l'infini.

Chacun donnera selon ses ressources. Avec ces parts d'intérêt, on n'aura droit qu'à l'intérêt de sa part. De même qu'il n'y a pas d'actions,

---

(1) Discours de M. Mir à la Chambre des députés, séance du 16 juin 1892.

il n'y aura pas de dividende. Le profit dans ces Sociétés ne consistera pas à faire des bénéfices financiers, mais à rendre service à tous les membres de la mutualité. Par conséquent, le bénéfice, s'il y en a, sera partagé en deux : une partie, la plus forte, servira à constituer le fonds de réserve ; quant au surplus, s'il plaît aux associés de le partager, il a été stipulé qu'il sera réparti au prorata des affaires faites par les associés avec la Banque elle-même, de manière à les encourager, en les prenant par l'intérêt, à se servir de cet instrument.

Voilà pour la constitution du capital.

Quant à l'acte de Société, il est remplacé par le dépôt des statuts. Il n'y aura pas de publicité dans les journaux, elle est remplacée par le dépôt des statuts à la mairie et à la sous-préfecture où tout le monde pourra aller les consulter.

Une comptabilité commerciale, dans le vrai sens du mot, ne sera pas exigée de ces Sociétés.

On le voit, c'est un nouveau type de Société que l'on veut créer, mais, en même temps, ce nouveau type de Société se greffe sur les Syndicats agricoles constitués conformément à la loi de 1884.

C'est une loi faite exclusivement pour et au profit des Syndicats agricoles.

En d'autres termes, on dispensera le crédit aux agriculteurs qui seront enrégimentés dans ces associations, mais ceux qui voudront conserver leur liberté et leur indépendance, ceux-là continueront à végéter dans l'isolement, dans la médiocrité et dans la misère.

C'est, tout ou moins, — qu'on nous permette de le dire, — une singulière façon de comprendre les principes de liberté, d'égalité et de fraternité qui sont la devise de la République Française.

Cette loi résoudra-t-elle la question du Crédit agricole? Nous ne le pensons pas.

Depuis longtemps, les Syndicats agricoles font les opérations auxquelles les convie M. Méline, achat d'engrais, semences, machines, etc.

Que leur manque-t-il pour étendre leurs opérations, pour les compléter?

Il nous le dit lui-même dans le discours qu'il a prononcé, à la Chambre des députés, le 16 juin 1892 : « Il leur manque l'argent, le crédit. »

Avec M. Doumer nous lui répondrons :

» Est-ce que par la transformation nominale, pour ainsi dire, des Syndicats en Sociétés de crédit vous allez apporter aux petits cultivateurs le crédit qu'ils n'ont pas eux-mêmes ?

» De ce que vous aurez associé exclusivement des hommes qui, par leur situation, par leurs propres ressources, ne peuvent obtenir ce crédit, qu'ils vont se le procurer plus aisément ?

» Si vous avez raison d'unir les cultivateurs pour qu'ils se soutiennent, qu'ils s'entr'aident, qu'ils se renseignent et s'apprécient, il faudra toujours que vous alliez chercher l'argent là où il est, il faudra que vous le tiriez d'ailleurs que de ce Syndicat, il faudra que vous ayez des banques, des établissements recueillant l'épargne, possédant des capitaux et les apportant à l'agriculture.

» En réalité, on n'apporte rien de nouveau aux Syndicats professionnels, on ne leur donne rien que la loi ne leur permette déjà.

» Je crois donc que c'est surtout une apparence, une façade que vous faites, une façade d'un monument qui restera à élever tout entier après. Votre loi dite de Crédit agricole votée, nous n'aurons plus que le crédit à faire (1). »

Nous partageons l'opinion de l'honorable M. Doumer. Le projet de loi présenté par M. Méline ne résout rien, n'apporte pas à l'agriculture les capitaux qui lui font défaut et dont elle a besoin.

Les Sociétés de crédit qu'il veut fonder ne trouveront pas ces capitaux.

Sans capital social, sans existence commerciale bien définie, elles n'offriront jamais aux capitalistes qu'une responsabilité illusoire.

Faites exclusivement au profit des Syndicats agricoles, elles ne viennent pas en aide aux agriculteurs isolés qui ont tout autant besoin d'argent et de crédit que les agriculteurs syndiqués ; ces derniers sont actuellement 200,000, c'est bien peu de chose à côté des 15 millions de citoyens qui représentent la population agricole de la France.

Enfin, si le principe de la « Mutualité » a accompli des merveilles en Allemagne et dans d'autres pays, il ne suffit pas pour faire accorder aux agriculteurs un crédit qui soit en rapport avec les besoins de leurs travaux de longue haleine.

« Notre caractère national est d'ailleurs peu favorable à la solidarité. La création de Sociétés de crédit dont la Mutualité serait la base, surtout s'il s'agissait de Sociétés locales ayant un rayon d'action limité, serait peut-être dans notre pays l'objet d'une certaine défiance. »

Ainsi s'exprimait M. Josseau, vice-président de la Société des Agriculteurs de France, pendant le cours de la discussion du rapport sur la question du Crédit mutuel agricole.

Nous partageons l'avis de M. Josseau ; nous croyons, comme lui, que l'éducation économique de nos populations rurales est encore trop incomplète pour entrer dans cette voie et, d'ailleurs, les avantages résultant du fonctionnement des Sociétés de Crédit mutuel sont sérieusement contestés dans certains pays, notamment en Angleterre et en Amérique.

---

(1) Discours de M. Doumer à la Chambre des députés.

*
* *

Le vote du projet de loi présenté par M. Méline a eu pour conséquence d'amener l'intervention du Gouvernement dans la question de
l'organisation du Crédit agricole.

M. Develle, Ministre de l'Agriculture, de concert avec M. Rouvier,
Ministre des Finances, a, à son tour, déposé un projet de loi tendant à la
création d'une « *Société de Crédit agricole et populaire* ».

Les auteurs de la proposition constatent que lorsque l'on créa la
Banque de France, on ne se préoccupa que des besoins du commerce et
de l'industrie et que si l'on pensa à l'agriculture en favorisant les prêts
hypothécaires, ce ne fut qu'au point de vue foncier.

L'exposé des motifs fait ensuite une étude historique intéressante sur
l'agriculture et sa situation, au point de vue des lois, depuis le commencement du siècle.

« La situation actuelle du cultivateur exige qu'on lui donne le moyen
de se procurer du crédit, si l'on veut utilement le protéger, puisque
l'amortissement est fort. long : ainsi les avances faites en céréales, en
semences, engrais, main-d'œuvre, demandent huit à neuf mois et plus
pour être réalisées par la vente du grain et de la paille. Pour la betterave,
il faut au moins six mois pour que le cultivateur soit remboursé de ses
avances en engrais et main-d'œuvre qui sont considérables. Le vigneron,
qui a besoin, dans sa culture, d'insecticide, d'engrais et de main-d'œuvre,
n'obtient son vin qu'après six, sept mois et plus. Il s'ensuit que le crédit
nécessaire à l'agriculture doit être de six mois, neuf mois, douze mois et
même quinze mois, suivant les cas. En réalité, l'agriculture ne présente
pas plus de risque que l'industrie et le commerce : c'est une question de
délai d'échéance qui, seule, reste en jeu.

» Quant à la solvabilité des intéressés, les Syndicats locaux, répartis
sur toute la surface du territoire, embrassant des circonscriptions limitées,
connaissant parfaitement tous les cultivateurs associés, sauront discerner
ceux auxquels on pourra ouvrir des crédits en vue d'opérations culturales
et d'achats connus à l'avance. Ils n'accepteront donc et n'endosseront que
le papier de leurs associés présentant les garanties voulues. Mais, à leur
tour, ces Syndicats, que feront-ils du papier à longue échéance ?

» C'est en présence de cette difficulté que le Gouvernement a pensé
que l'intervention de l'État était nécessaire pour créer et assurer le fonctionnement d'une institution spéciale, qui ne sera cependant pas une
Banque d'État. Il s'agirait de créer un intermédiaire entre les Associations

locales et la Banque de France. L'on peut arriver à ce résultat en établissant une Société de Crédit agricole.

» Pour ce faire, le projet de loi consiste à autoriser le Ministre de l'Agriculture à passer, au nom de l'Etat, une convention stipulant, en faveur de ladite Société, une garantie d'intérêt dont le maximum ne pourra excéder « *deux millions* » de francs par an et qui prendra fin, au plus tard, le 31 décembre 1920.

» Les opérations de la Société consisteront exclusivement à escompter les lettres de change et autres effets de commerce à ordre, qui seront présentés par les Associations agricoles ou ouvrières régulièrement constituées. En aucun cas, le montant des effets escomptés à une même Association ne pourra dépasser le triple de son capital. Les statuts de la Société à créer devront faire mention expresse des dispositions contenues dans l'article 2 et être approuvés par le Président de la République.

» Un règlement d'administration publique déterminera e mode d'application de la garantie prévue par l'article premier. »

**

Comme on le voit, ce projet de loi n'est que le corollaire de la loi élaborée par M. Méline, c'est-à-dire que l'Etablissement qui sera créé avec le concours de l'Etat sera constitué au profit exclusif des Syndicats ou des Sociétés de crédit constituées par ces Associations.

Nous doutons que la Chambre des députés adopte ce projet tel qu'il se comporte actuellement.

Nous n'avons jamais été partisan de l'intervention de l'Etat dans les opérations du Crédit agricole, nous avons toujours pensé et nous pensons encore que l'organisation du Crédit à l'agriculture appartient à l'initiative privée en dehors de tout privilège, de tout monopole, de toute ingérence gouvernementale.

Dans d'autres circonstances, le rejet de ce projet de loi ne serait pas douteux, il subirait le sort de celui qui fut élaboré, il y a quelques années, par M. Barbe, alors Ministre de l'Agriculture, mais les élections générales sont prochaines, et il est évident que les Chambres, en le votant, voudront donner une apparence de satisfaction aux agriculteurs qui composent la majorité du corps électoral.

Cette loi votée, mais avec des modifications essentielles, cet Etablissement rendra-t-il de véritables services à l'agriculture ?

Non, si comme bien d'autres institutions l'ont fait, il déroge du but en vue duquel il est fondé ; s'il veut dispenser par lui-même le crédit aux agriculteurs dont il ne pourra, à moins de couvrir le pays de succursales et d'agences ruineuses, connaître ni les besoins, ni les ressources, ni suivre les opérations journalières, ni enfin apprécier les garanties morales et matérielles qu'ils pourront offrir.

Non, s'il est créé exclusivement au profit des Associations agricoles fondées en exécution de la loi de 1884 ou de la loi présentée par M. Méline.

Mais si cet Etablissement est fondé en vue de centraliser les opérations des Associations agricoles et des autres Etablissements de crédit qui se fonderont dans les départements en vue de mettre des capitaux à la disposition des agriculteurs, s'il se borne à centraliser le papier agricole et à être leur intermédiaire avec la Banque de France et les autres détenteurs de l'épargne nationale, non seulement il peut et doit rendre de véritables services à l'agriculture, mais il peut, lui-même, atteindre un haut degré de prospérité.

Ainsi que nous venons de le voir, la question du Crédit agricole, après cinquante ans d'études, de vœux stériles, est sur le point de faire un pas décif.

Il faut aboutir.

* * *

Pourquoi toutes les tentatives faites jusqu'à ce jour ont-elles avorté ?

Pourquoi les projets soumis en ce moment à la sanction du Parlement sont-ils menacés de rester, à leur tour, à l'état de lettre morte ?

C'est uniquement parce qu'on a toujours voulu établir une différence essentielle entre le Crédit agricole et le Crédit commercial et industriel, alors qu'il n'en existe aucune ; parce qu'on a toujours voulu et qu'on veut encore placer les agriculteurs en dehors du droit commun, créer pour eux un régime d'exception, alors qu'ils n'ont droit et ne réclament qu'à être placés sur le pied de l'égalité avec les autres ouvriers du travail national.

Partant de ce principe qu'il n'y a, qu'il ne saurait y avoir aucune différence essentielle entre le Crédit agricole et le Crédit commercial et industriel, quel est le but à atteindre ?

Un homme qui, depuis de longues années, a fait de la question du Crédit agricole l'objet des plus sérieuses études, dont le dévouement aux intérêts de l'agriculture est bien connu, M. Josseau, ancien député, président de la Société Nationale d'Agriculture, va nous le dire avec toute l'autorité qui s'attache à son éminente personnalité.

« *Rapprocher, au point de vue du crédit, l'agriculture des conditions dans lesquelles se trouvent les deux autres branches de l'activité humaine, tel est le seul but pratique que l'on doive poursuivre, tel est le seul problème dont la solution puisse être avouée par la raison.* »

Nous sommes de cet avis.

Le meilleur moyen de donner du crédit à l'agriculture, c'est de la tirer de son isolement et de lui ouvrir la porte, non pas d'un établissement unique condamné à l'avance à ne lui rendre que des services limités, mais bien de « Banques spéciales » réparties sur tous les points du territoire, pénétrant dans les masses agricoles jusqu'au cœur même du pays, car avec le morcellement qui divise à l'infini le sol français, ce sont surtout les petits agriculteurs dont on doit essentiellement s'occuper, car ils constituent la base de l'agriculture par le nombre et par la quantité des intérêts qu'ils représentent; ils n'ont pas de crédit et ne pourront en avoir qu'autant que ce crédit sera localisé, visible et tangible.

Le Crédit agricole doit, pour produire les effets qu'on en espère, pénétrer sur tous les points du territoire ; c'est surtout le campagnard, le petit fermier éloigné des grands centres qu'il doit aider ; or, il nous paraît impossible que des établissements, étendant leurs opérations à un rayon étendu, puissent efficacement venir en aide à l'agriculture, surtout lorsque les intérêts agricoles sont différents, soit par la position géographique, soit par la nature du sol et de la culture, soit enfin par les usages et l'esprit des habitants.

D'un autre côté, le Crédit agricole doit varier ses formes et ses échéances selon les contrées, les habitudes, les cultures.

Ainsi, dans certains pays et pour certaines opérations, il doit fournir des avances à court terme, c'est-à-dire remboursables dans l'année au plus tard et, dans d'autres cas, au contraire, des prêts dont la rentrée ne peut être exigée qu'au bout de un, deux, trois, quatre ou cinq ans et par fractions ou annuités.

Il est probable également que certains départements agricoles n'accepteraient pas une solidarité absolue avec ceux dont ils n'apprécieraient pas suffisamment ni les ressources, ni la manière d'agir, et que les capitalistes propriétaires qui, sans espérer de grands bénéfices, seraient portés à aider à la création d'un établissement de Crédit agricole utile à leur entourage, se refuseraient à courir les risques d'une spéculation loin de leur contrée et de leur entourage.

Si donc on veut organiser en France d'une façon sérieuse le Crédit agricole, si on veut qu'il rende de véritables services aux populations rurales, c'est non pas de s'adresser à des procédés plus ou moins empiriques, à des systèmes plus ou moins praticables, tels que ceux qui se sont produits devant les Commissions et Enquêtes agricoles et qui encore aujourd'hui sont soumis à la sanction du Parlement ; c'est non pas enfin en créant un régime d'exception ou en modifiant les lois au profit des agriculteurs ; c'est en décentralisant le crédit en faveur de l'agriculture, en créant enfin, dans tous les arrondissements, des « Banques agricoles »

6

fondées sous le régime des lois existantes, Banques identiques à celles qui fonctionnent avec un si grand succès en Écosse, en Allemagne, en Italie et dans d'autres pays, ayant pour objet les prêts à la culture proprement dite, établissements complètement autonomes, indépendants, ayant des opérations aussi nettement définies que strictement limitées, ne pouvant étendre leur action que dans un rayon restreint aux localités de l'arrondissement où ils seront fondés, se trouvant ainsi en contact direct, en rapports constants avec les agriculteurs de toutes les classes dont ils apprécieront les garanties, les besoins et les ressources.

C'est ainsi, et seulement ainsi, qu'on arrivera à fonder le véritable Crédit agricole sans le secours duquel notre agriculture nationale ne pourra, quoi qu'on dise et quoi qu'on fasse, réaliser aucune amélioration, atteindre aucun progrès.

**
**

LES BANQUES AGRICOLES

Que devront être les « Banques agricoles » dont nous préconisons la création dans toutes les parties du pays ?

M. Méline va nous l'indiquer :

« Si vous voulez que l'agriculteur s'adresse aux Sociétés de crédit, il faut que ces Sociétés puissent être considérées comme son œuvre à lui ; il faut qu'il puisse dire : Cette Banque est la mienne, l'argent qui s'y trouve est à moi et c'est dans ma propre bourse que je viens puiser. »

Partant de ce principe dont on ne saurait méconnaître la justesse, les « Banques agricoles » devront donc, avant tout, être autonomes, indépendantes, essentiellement locales, n'ayant qu'un champ d'action très limité ; enfin, elles devront être constituées avec le concours direct des agriculteurs de toutes les classes, propriétaires, fermiers, colons, métayers, ouvriers agricoles.

Elles devront être fondées dans chaque arrondissement, ayant leur siège au chef-lieu, des agences ou des bureaux auxiliaires dans tous les cantons ou autres centres agricoles de l'arrondissement.

Un arrondissement est une division territoriale suffisamment limitée, tout le monde s'y connaît.

**
**

Sous quelle forme légale ces Banques devront-elles se constituer ?

Ces établissements appelés à devenir de véritables Banques de dépôt, ayant des relations avec les tiers, leur empruntant le capital nécessaire à leur fonctionnement, il sera donc indispensable de les constituer sous la forme de Sociétés commerciales, soumises aux formalités du Code de commerce, parce qu'elles seront soumises aux aléas du commerce et elles devront nécessairement avoir une comptabilité régulière qui puisse fournir des garanties à ceux qui traiteront avec elles.

En conséquence, c'est sous l'empire de la loi du 24 juillet 1867, qui régit les Sociétés anonymes, qu'elles devront être fondées; c'est cette loi qui régit presque toutes les Banques qui viennent en aide au commerce et à l'industrie; or, comme l'agriculture est, quoi qu'on dise et quoi qu'on fasse, une industrie comme les autres, il n'y a aucune raison pour qu'on invente en sa faveur un nouveau genre de Sociétés, ainsi que le demande M. Méline, Sociétés qui, d'ailleurs, n'offriraient jamais aux tiers que des garanties illusoires.

**

Quelles seront les opérations que pourront traiter les Banques agricoles ?

Presque tous les économistes qui se sont occupés de la question du Crédit agricole sont d'avis que, pour venir en aide à l'agriculture, il n'est pas nécessaire de créer des Banques spéciales, exclusivement destinées aux agriculteurs. Prenant pour exemples les Banques d'Ecosse, d'Allemagne et d'Italie qui prêtent indifféremment aux agriculteurs, aux commerçants et aux industriels, ils disent, avec quelque apparence de raison, que les Banques qui servent au commerce et à l'industrie peuvent également servir à l'agriculture ; que ces Banques, possédant une clientèle de professions diverses, ont des rentrées et des sorties d'argent qui ne coïncident pas aux mêmes époques et qu'en opérant de la sorte elles ont des risques plus limités que si elles avaient une clientèle exclusivement agricole.

Nous ne sommes pas entièrement de cet avis.

Il existe dans tous les départements de nombreuses Banques qui, de temps immémorial, prêtent de l'argent aux cultivateurs; il y en a même, et elles sont nombreuses, dont les cultivateurs sont la principale clientèle, mais à quelles conditions font-elles des avances?

A des conditions extrêmement onéreuses. C'est pourquoi, jusqu'à ce jour, le paysan se méfie des Banques et n'a en elles qu'une confiance des plus limitées ; il va chez le banquier quand sa gêne est extrême, en se cachant comme à la ville on se cache quand on va au Mont-de-Piété et, d'ailleurs, si les Banques qui prêtent au commerce et à l'industrie étaient suffisantes, — elles sont assez nombreuses, — pourquoi alors tous ces vœux réclamant l'organisation du Crédit agricole?

Nous croyons, au contraire, que l'agriculture réclame un organisme financier spécial; il est de toute nécessité que les agriculteurs soient bien convaincus que lorsqu'une Banque agricole sera fondée dans un centre agricole, ce sera un établissement *uniquement créé pour répondre à leurs besoins en dehors de toute spéculation;* c'est ainsi seulement qu'on arrivera à les habituer au maniement du crédit et à les familiariser avec les questions financières.

Le champ à exploiter n'est-il pas assez vaste?

A elle seule, l'agriculture donne un produit brut annuel supérieur à celui de toutes les industries manufacturières réunies.

Elle met en œuvre un capital de près de 100 milliards; elle distribue annuellement plus de 4 milliards de francs en salaires; enfin, elle possède un capital d'exploitation en bétail, grains, semences, machines, de plus de 12 milliards !

Une industrie qui met en mouvement d'aussi énormes valeurs ne peut-elle alimenter des institutions de crédit qui lui soient spéciales?

Par conséquent, ceux que les « Banques agricoles » devront aider, ce sont ceux qui exploitent le sol, ce sont ceux qui achètent ou vendent ses produits, ce sont ceux enfin qui mettent à sa disposition les divers agents qui assurent et accroissent la fertilité de la terre.

Leurs principales opérations devront avoir pour objet :

1º De consentir des avances ou des prêts à court et à long terme, aux agriculteurs, qu'ils soient propriétaires, fermiers, colons, métayers ou artisans agricoles ; qu'ils agissent isolément ou groupés en Syndicats agricoles, lesdits prêts et avances garantis par hypothèques, cautions ou garanties réelles ou personnelles ;

2º L'escompte et la négociation des effets des agriculteurs ayant pour but ou origine des achats d'engrais, semences, bestiaux, machines, instruments aratoires ou autres agents de la production agricole ;

3º De recevoir en dépôt des capitaux, revenus, valeurs, fermages, avec ou sans intérêt ;

4º L'ouverture de crédits et de comptes courants sur hypothèques, dépôts, nantissements, cautions et garanties réelles ou personnelles ;

5º D'opérer tous recouvrements de fermages, valeurs ou autres revenus ;

6º Toutes assurances sur la vie, contre l'incendie, la grêle et la mortalité du bétail ;

7º De faciliter aux agriculteurs l'écoulement des produits du sol et l'acquisition des agents de la production agricole ;

8º Généralement, toutes opérations se rattachant au but principal de la Banque dans les limites et sous les conditions qui seront déterminées par le Conseil d'administration.

Telles sont les opérations nettement définies qui devront être permises aux « Banques agricoles »; elles satisfont toutes les exigences, elles répondent à tous les besoins. Mais comme il est de toute nécessité que ces établissements s'imposent à la confiance des capitalistes et des agriculteurs ; comme il ne faut pas, comme l'ont fait tant d'autres institutions de crédit, qu'ils dérogent du but en vue duquel ils seront fondés, qu'ils demandent à la spéculation des gains illicites ou servent à drainer les capitaux de la campagne vers des entreprises hasardeuses ou n'ayant aucun intérêt agricole ; comme il faut, enfin, *qu'ils soient et restent des établissements essentiellement agricoles,* n'ayant en vue que le bien, le progrès de l'agriculture, leurs statuts devront contenir la mention expresse :

« Toutes opérations de spéculation sont rigoureusement interdites.

» Il est également interdit à la Banque de prêter son concours à des appels de capitaux faits par des entreprises privées qui n'auraient pas pour but et conséquence le développement de l'agriculture. »

***

Les « Banques agricoles » devront-elles être constituées à un capital important ?

Un capital important n'est pas indispensable à ces établissements, surtout au début de leur existence, car, ayant à traverser une période d'organisation, pendant laquelle ils ne traiteront que des affaires limitées, il est prudent qu'ils n'aient pas la charge d'un capital exagéré, qui serait une charge plutôt qu'un élément de succès et auquel il faudrait, dans tous les cas, servir un intérêt.

Leur capital devra donc être relativement limité et divisé en actions de cent francs, de façon à les rendre accessibles aux petits capitalistes, aux petits agriculteurs.

Il faut que ces titres pénètrent dans tous les villages, dans toutes les fermes ; au point de vue même de l'avenir des « Banques agricoles », du développement de leurs opérations, il est nécessaire d'associer à leurs succès ceux-là mêmes qui sont directement intéressés à leur création, qui doivent trouver dans leur concours, dans leur assistance de chaque jour, l'auxiliaire le plus puissant de leur travail, de leur activité, de leur intelligence.

La loi du 24 juillet 1867, qui régit les Sociétés anonymes, n'autorisant la création d'actions de cent francs que dans les Sociétés dont le capital ne dépasse pas 200,000 francs, c'est donc nécessairement dans cette limite que devra être fixé leur capital qui ne sera versé que partiellement et successivement, au fur et à mesure des besoins.

On nous objectera, peut-être, que ce capital est bien limité pour venir sérieusement en aide à l'agriculture dont les exigences réclament des ressources bien autrement considérables.

C'est évident, mais nous ferons remarquer que, dans notre esprit, ce capital n'est qu'un capital *essentiellement de garantie* qui doit même être en grande partie immobilisé, c'est-à-dire converti en rentes sur l'Etat ou autres valeurs de premier ordre dont les titres devront être déposés à la Banque de France pour servir, nous le répétons, de garantie aux opérations de l'établissement.

Le vrai capital circulant des « Banques agricoles », celui qui doit assurer la marche régulière de leurs opérations, qui doit leur permettre de faire face à tous les besoins de l'agriculture, n'est pas leur capital social. Nous indiquerons plus loin quelles sont les sources où elles s'alimenteront.

**

Quant à leur administration, à la direction de leurs opérations, elle devra donner les plus sérieuses, les plus indiscutables garanties morales et matérielles ; c'est la condition *sine qua non* de leur succès, car, ce qui sera essentiel, ce sera l'action vigilante du Conseil d'administration, qui devra se réunir fréquemment pour examiner les demandes de prêts, d'escompte, d'admission au bénéfice du compte courant et assurer la marche régulière des opérations.

C'est aux grands propriétaires fonciers, aux présidents des Sociétés d'agriculture, des Comices, des Syndicats agricoles, enfin à des hommes dévoués au bien public, connus, expérimentés, jouissant de l'estime et de la considération de leurs concitoyens qu'il appartiendra de remplir une mission utile, honorable et pour l'accomplissement de laquelle il faudra un certain dévouement, un certain désintéressement.

Nous sommes sans inquiétude sur ce sujet; nous savons que dans nos provinces il ne manque pas d'hommes de progrès qui ont le sentiment des charges sociales qui s'imposent à ceux qui possèdent et dont le concours ne fera pas défaut à de semblables créations.

C'est aux directeurs des « Banques agricoles » qu'incombera la mission d'examiner les demandes de prêts, avances, escomptes, comptes courants, etc., et de proposer au Conseil d'administration leur admission ou leur rejet.

Ils devront donc, avec le concours des maires, des notaires et autres notabilités locales, être toujours très exactement renseignés sur la valeur morale et matérielle des agriculteurs de la région ; ils auront, d'ailleurs, comme auxiliaires pour obtenir ces renseignements les Comités consultatifs qui seront adjoints aux agences cantonales comme la Banque de France a des Comités d'escompte dans ses succursales.

Enfin, comme les directeurs des Banques d'Ecosse et d'Allemagne, ils devront fréquenter assidûment, suivre régulièrement les foires et marchés de l'arrondissement, de façon que les agriculteurs puissent solliciter et obtenir, sans démarches réitérées, sans déplacements onéreux, enfin sans perte de temps, le concours qui leur sera utile.

C'est surtout pas ces rapports constants, journaliers, avec les populations rurales que les « Banques agricoles » arriveront à s'implanter dans les mœurs, dans les habitudes des cultivateurs.

Il ne faut pas se le dissimuler : les débuts de ces établissements seront difficiles, peut-être même pénibles ; leur création sera tout d'abord vue avec une certaine défiance, elles susciteront peut-être certaines jalousies locales ; enfin, elles auront à lutter contre les habitudes de routine invétérées ; mais il ne faut pas oublier que le Crédit Foncier et bien d'autres institutions ont eu aussi à traverser la même période difficile d'une enfance laborieuse ; mais, par l'énergie et la constance de leurs efforts, elles ont surmonté tous les obstacles.

Il en sera de même des « Banques agricoles ». Par la rectitude, l'honorabilité de leur administration, l'activité de leur direction, la sûreté de leurs opérations, l'exactitude qu'elles mettront à remplir leurs engagements, enfin par les services multiples qu'elles rendront, elles ne tarderont pas à conquérir la confiance et alors, qu'on n'en doute pas, elles reposeront sur des bases indestructibles et leurs opérations prendront des développements que nul ne saurait prévoir aujourd'hui.

Ce sont les directeurs qui seront les principaux agents de la prospérité de ces établissements. Dans nos villes de province on rencontrera certainement d'anciens fonctionnaires, d'anciens officiers ministériels, d'anciens agriculteurs, des banquiers même, qui reconnaîtront qu'il y a tout à la fois honneur et profit à accepter une pareille situation.

*
* *

A côté d'une administration, d'une direction intelligente, éclairée, un contrôle sévère devra être établi, car il faudra lutter contre les souvenirs fâcheux laissés par certaines établissements fondés dans le but apparent de venir en aide à l'agriculture, alors qu'ils n'avaient pour but réel que la spéculation ; il faudra empêcher la possibilité du retour des abus qui se sont produits et ne pas laisser place au doute, à la crainte de ce retour.

C'est là ce qui rendra nécessaire un contrôle permanent qui, en prévenant les dangers dont nous venons de parler, sera une mesure utile de prévoyance destinée surtout à faciliter aux « Banques agricoles » le moyen de traverser la période de transition contre laquelle elles auront à lutter au début.

La loi du 24 juillet 1867 impose aux Sociétés anonymes la nomination d'un ou plusieurs commissaires de surveillance institués auprès de toute Société. Ces prescriptions de la loi devront être nécessairement observées, mais ce contrôle ne nous paraît pas suffisant.

A côté de ce contrôle, il en est un autre, non moins sérieux, qui doit contribuer à asseoir le crédit de ces établissements sur des bases inébranlables ; nous voulons parler de la publicité à donner à leurs opérations.

Indépendamment de l'inventaire et du bilan exigés par la loi, tous les mois, un état de la situation active et passive de la Banque, visé par le président du Conseil d'administration, le directeur et le commissaire de surveillance, devra être publié dans les principaux journaux de l'arrondissement et affiché d'une façon apparente et permanente au siège social et dans les agences cantonales.

Toutes garanties, toutes sécurités données ainsi au point de vue de la constitution des « Banques agricoles », de leurs opérations, de leur administration, de leur contrôle on peut affirmer hautement que leur avenir, leur succès, leur prospérité ne sauraient être mis en doute et il dépendra des agriculteurs seuls d'obtenir le crédit qui leur sera utile ; mais ce crédit devra nécessairement être subordonné aux garanties qu'ils pourront offrir et surtout à la confiance qu'ils sauront personnellement inspirer.

*
* *

Quelles seront les conditions des avances et des prêts qui seront consentis par les « Banques agricoles » aux agriculteurs ?

Les conditions générales et particulières des avances, des prêts, des opérations d'escompte, d'ouvertures de crédit, des comptes courants devront être fixées par leurs statuts et réglementées par leur Conseil d'administration.

Les prêts devront être « à court et à long terme ».

A « court terme », c'est-à-dire de trois mois à un an, ils auront plus spécialement pour objet des achats d'engrais, semences, aliments pour le bétail, le paiement des impôts, des salaires, des fermages, en un mot, serviront à couvrir des dépenses dont les agriculteurs doivent recouvrer le montant par des recettes au moins égales à l'expiration d'une année au plus.

Ces prêts seront représentés par des effets souscrits par les emprunteurs au profit de la Banque à l'échéance de 90 jours et renouvelables, s'il y a lieu, de trois mois en trois mois, pendant une année.

Il sera sage d'imposer aux emprunteurs, toutes les fois que cela sera possible, qu'à chaque renouvellement ils amortissent leur dette en versant le quart du montant du prêt.

« En agriculture, beaucoup d'avances peuvent se liquider dans le courant d'une année : citons, à titre d'exemple, l'engraissement et l'élève du bétail, les opérations nécessaires à la fabrication du beurre et du fromage, les acquisitions de semences, d'engrais, etc., etc. (1). »

Dans la ferme comme dans le commerce, les entrées et les sorties peuvent s'échelonner à quatre-vingt-dix jours. Ainsi, pendant la période hivernale, les fermiers vendent leurs bêtes grasses ; avec ce prix, ils payent au mois de mars. Au mois de juin, ils ont un élevage qui peut se réaliser. En été et en automne, ils moissonnent, récoltent, et en janvier ils touchent le montant de leurs produits. En un mot, dans une ferme bien organisée, à toutes les périodes, il y a un mouvement d'argent qui peut permettre de tenir les engagements contractés.

A côté des prêts et avances proprements dits, les « Banques agricoles » devront pouvoir ouvrir des crédits aux industriels et commerçants vendant directement aux agriculteurs les engrais, les semences, les machines, instruments ou autres agents de la production agricole ; de même elles devront pouvoir escompter les engagements des agriculteurs en règlement de factures pour livraisons d'engrais, etc.

En escomptant ces engagements « à court terme » des agriculteurs, elles permettront, notamment aux fabricants d'engrais, de mobiliser un capital immobilisé pour eux pendant plusieurs trimestres, par conséquent, de développer leurs affaires et d'abaisser leur prix de vente.

Les prêts « à long terme » devront être consentis pour une durée de un an à cinq ans ; ils auront plus spécialement pour objet des achats de machines, d'animaux de travail, création de cultures spéciales, reconstitution de vignobles et autres opérations dont les agriculteurs ne peuvent gagner la valeur qu'en plusieurs années.

Il ne s'agit pas pour les « Banques agricoles » de prêter de l'argent aux agriculteurs pour acheter des terres, pour acquitter des dettes, pour réaliser des améliorations foncières à longue échéance qui, souvent, sont si douteuses dans leurs résultats ; leur rôle est tout différent, elles doivent prêter de l'argent pour assurer et accroître la production.

Pour les améliorations foncières et pour toutes celles qui, par leur incorporation au sol, ont un caractère tout particulier de durée, de stabilité, telles que les dépenses faites pour constructions utiles : granges, étables, bergeries, etc., les travaux de drainage, les irrigations, les défrichements, les reboisements, ce sont là tous travaux qui sont du ressort du crédit immobilier, c'est-à-dire du Crédit Foncier, auquel les propriétaires peuvent toujours s'adresser et ce sont des opérations de longue durée auxquelles les « Banques agricoles » devront rester étrangères ; leur

---

(1) *Essai sur le Crédit agricole*, par G. Baillet.

7

action ne peut et ne doit se porter que là où l'argent est reproductif et peut rémunérer celui qui en fait l'avance.

Les prêts « à long terme » devront être faits avec ou sans amortissement, soit par obligation simple, soit sous forme d'ouvertures de crédit.

*
* *

Quelles sont les garanties, les gages que les agriculteurs devront ou pourront offrir aux « Banques agricoles » ?

Pour bien déterminer les conditions dans lesquelles les prêts pourront être consentis, il est bon d'examiner quels sont les gages que peuvent offrir les agriculteurs.

Ces gages sont de trois sortes :

Le gage immobilier ou hypothécaire ;

Le gage mobilier ;

Le gage personnel.

En ce qui concerne le gage immobilier ou hypothécaire, on pourrait objecter que, pour les cultivateurs propriétaires, la création des « Banques agricoles » n'est d'aucune utilité, puisque le Crédit Foncier de France répond à tous les besoins de cette catégorie d'emprunteurs.

Nous ne sommes pas complètement de cet avis : le Crédit Foncier rend de véritables services à la propriété foncière, cela est évident, mais c'est surtout la propriété urbaine, la grande propriété qu'il a surtout aidée jusqu'à ce jour et ses prêts sont rarement recherchés par les petits propriétaires agriculteurs qui n'ont besoin que de prêts limités et remboursables à des échéances relativement peu éloignées.

Le Crédit Foncier est donc insuffisant.

Quand il s'agira de consentir un prêt, d'ouvrir un crédit sur hypothèque, la question sera des plus simples, puisqu'il existera, dans ce cas, les éléments d'une valeur visible, tangible et d'une valeur réelle, facilement appréciable.

En ce qui concerne le « gage mobilier », les difficultés seront plus nombreuses, jusqu'au jour, tout au moins, où la législation actuellement en vigueur sera modifiée.

Le « gage mobilier », qui comprend les semences, les engrais, les machines, le bétail, les récoltes emmagasinées, représente, nous l'avons déjà dit, une valeur qui n'est pas moindre de 12 millards !

C'est là une valeur improductive dont il serait possible aux agriculteurs de tirer parti, si on leur permettait de l'engager.

C'est pourquoi, il y a quelques années, on a demandé de modifier l'article 2076 du Code civil et de stipuler que, pour les agriculteurs, l'engagement du matériel pourrait se faire sans livraison, c'est-à-dire « sans déplacement ».

Le projet de loi présenté à cet effet, a, nous l'avons vu, été rejeté par le Sénat qui a considéré, avec raison, que ce serait plutôt affaiblir le crédit de l'agriculture que de lui permettre d'engager son matériel : il a pensé que le jour où le cultivateur aurait engagé par privilège une partie de son matériel et où le fait serait connu, son crédit en serait profondément atteint et que, par conséquent, le remède serait pire que le mal (1).

D'ailleurs, il est constant que l'agriculteur ne peut se priver de la possession de son matériel, de ses machines, de ses instruments aratoires, sans compromettre son exploitation, pas plus que l'industriel peut livrer ses machines, ses outils, sans arrêter la marche de son usine, de sa fabrique.

Le « gage mobilier » ne peut donc jouer qu'un rôle très limité, sinon nul, dans les opérations du Crédit agricole.

Reste le « gage personnel » et c'est ce gage qui doit être et rester la base principale, essentielle du véritable Crédit agricole.

Le « crédit personnel » est, en effet, le plus moral, la plus haute expression du crédit, celle qui témoigne du degré le plus élevé de confiance ; il doit, nous ne saurions trop le répéter, rester la base du Crédit agricole, comme il est la base du Crédit commercial et industriel, à cette différence près que, prêter à un commerçant, à un industriel, c'est souvent prêter à un individu d'aventure ; prêter à un agriculteur, c'est presque toujours, au contraire, prêter à une famille enracinée depuis plusieurs générations dans son canton.

Comment les agriculteurs, qui solliciteront le concours des « Banques agricoles », fourniront-ils la preuve ou feront-ils naître la conviction qu'ils restitueront, aux échéances fixées, les capitaux qui leur seront fournis ?

Ils devront, tout d'abord, faire valoir leur honnêteté, ils devront montrer qu'ils ne sont pas hommes à faillir à leurs engagements ; comme les commerçants et les industriels fournissent des « références » à leur banquier, ils devront fournir la recommandation de personnes honorables, connues, qui témoigneront en faveur de leur probité.

C'est avant tout son honorabilité, son intelligence reconnue, ses habitudes d'ordre, de travail et d'économie, qui doivent être pour le cultivateur l'instrument de son crédit, mais ce crédit lui-même ne pourra être accordé par les « Banques agricoles » que sous deux conditions essentielles :

« Il faut d'abord que l'argent soit donné à des agriculteurs capables, qui sachent en faire un bon emploi. Il ne suffit pas d'avoir à sa disposition

(1) M. Méline.

des semences de choix et des engrais ; il faut savoir s'en servir et les bien employer. Si on en met trop ou pas assez, on fait une mauvaise opération au lieu d'une bonne.

« Il faut donc d'abord avoir affaire à un agriculteur capable.

» Une seconde condition est nécessaire : Il faut être bien sûr que l'argent que le capitaliste va donner à l'agriculteur ira à sa destination, que l'agriculteur ne s'en servira pas pour acheter des terres, pour payer ses dettes ou pour tout autre emploi. Il faut être bien sûr que cet argent sera utilisé en achat d'engrais, de semences ou de bétail.

» Comment acquérir cette certitude ? Les capitalistes sont trop loin des agriculteurs et ils n'ont la possibilité ni de se procurer ces renseignements, ni d'exercer ce contrôle. Il n'y a que les agriculteurs eux-mêmes, que les habitants de la commune habitée par l'emprunteur, ses voisins et ses amis, qui puissent leur fournir ces renseignements. Eux seuls sont en mesure de savoir ce que vaut chaque agriculteur au point de vue du crédit, quelle est sa capacité, sa probité, et, par conséquent, les chances de remboursement qu'il offre à l'échéance de sa dette.

» Nous arrivons donc à cette première constatation que c'est aux agriculteurs qu'il faut s'adresser, et à eux seuls, pour organiser le Crédit agricole. »

Nous sommes absolument de l'avis de M. Méline, auquel nous nous permettons d'emprunter encore les lignes qui précèdent.

Oui, il est constant que le prêteur ne pourra se renseigner d'une façon exacte sur la situation de l'emprunteur que sur place ; c'est surtout pour cela que le Crédit agricole n'est possible qu'en étant organisé « par en bas et non par en haut », pour nous servir des expressions de l'ancien Ministre de l'Agriculture : ces moyens de renseignements ne sont du ressort que d'établissements locaux en rapports constants avec les agriculteurs de la région où ils seront fondés. Mais les « Banques agricoles » ne seront-elles pas précisément dans ces conditions, avec leurs agences cantonales, leurs Comités consultatifs d'escompte, leurs actionnaires disséminés dans tous les bourgs, villages et hameaux de l'arrondissement ? Existe-t-il des moyens de contrôle plus faciles ? Ne peuvent-ils être aussi certains que ceux qui auraient pour agents les membres des Syndicats agricoles qui souvent embrassent plusieurs arrondissements et même tout un département ?

Il est donc certain qu'il sera donné aux « Banques agricoles » de faire appel avec sécurité au « gage personnel » le plus souvent dans leurs opérations avec la culture.

*
* *

A côté de ce crédit purement personnel, elles pourront encore s'entourer de certaines garanties.

Ainsi que le font avec tant de succès les Banques d'Ecosse, d'Allemagne et d'Italie, elles pourront exiger que les agriculteurs qui solliciteront des prêts fournissent la caution d'une ou deux personnes solvables.

Pour un cultivateur honnête cette formalité ne rencontrera pas de difficultés sérieuses ; tout homme de cette catégorie aura toujours un parent, un ami, un voisin plus fortuné qui, confiant dans sa loyauté, ne refusera pas de lui servir de caution.

Il en est une, d'ailleurs, qui s'impose et qui est appelée à devenir un des auxiliaires les plus précieux du Crédit agricole : nous voulons parler de la caution, toute facultative, il est vrai, du propriétaire.

Le propriétaire et le fermier ont un intérêt commun, bien que l'envisageant sous une forme opposée. Beaucoup sont depuis longtemps les banquiers, et les moins exigeants, de leurs fermiers ; nous croyons donc que peu de propriétaires intelligents refuseront à un fermier laborieux de lui faciliter l'obtention des avances qui lui sont nécessaires pour augmenter les rendements de la terre qu'il cultive.

La fortune d'une ferme dépendant des moyens d'action que possède celui qui l'exploite, le propriétaire sera à peu près certain de profiter lui-même des avances faites à son fermier et même de rentrer dans ses sacrifices s'il s'y expose.

Maître du gage qu'il tient du Code civil, pouvant le surveiller de près, il a la garantie de son recours de propriétaire dans le cas où il serait mis en demeure de s'exécuter au lieu et place de l'emprunteur, ses risques, comme ceux de la Banque, seraient extrêmement faibles.

On comprendrait que le propriétaire refusât sa caution à un emprunt contracté à de gros intérêts, qui serait un moyen de hâter la ruine du fermier, mais nous croyons qu'un prêt consenti à un intérêt peu élevé trouvera son concours assuré, surtout alors que le prêt aura pour but et conséquence des améliorations, des travaux agricoles et que les sommes prêtées ne pourront être, sous quelque prétexte que ce soit, détournées de leur destination.

Les « Banques agricoles » pourront ainsi ouvrir aux agriculteurs des crédits identiques aux « Cash credits » des Banques d'Ecosse.

Possesseur de ce crédit, le titulaire deviendra par le fait client de la Banque, il lui confiera ses épargnes lesquelles viendront grossir son compte créditeur et produiront intérêt ; en même temps il donnera à la Banque mandat d'effectuer ses paiements et recouvrements.

Ce procédé d'avances sur caution ne tardera pas à se généraliser et on conçoit tout ce qu'il offre d'avantageux au pays, tant au point de vue moral qu'au point de vue matériel, en développant les forces vives de la société; il excite aussi les populations aux sentiments d'honneur, de dignité et les stimule au travail (1).

Il est encore une garantie à laquelle les « Banques agricoles » devront aussi faire appel, garantie sérieuse, réelle, nous voulons parler des assurances sous toutes les formes : assurances sur la vie, contre l'incendie, la grêle, la mortalité du bétail, qui sont le corollaire indispensable des opérations du Crédit agricole.

Mais, en résumé, ainsi que l'a dit avec autorité M. Josseau :

« Le crédit restera subordonné à des causes qui tiennent bien plus à
» des faits économiques et moraux qu'à des dispositions légales, à savoir :
» l'abondance des capitaux, les bonnes habitudes des cultivateurs ; leur
» solvabilité et leur régularité à payer leurs échéances. »

*
* *

A quel taux les « Banques agricoles » pourront-elles mettre des capitaux à la disposition des agriculteurs ?

Il faut, cela est de toute nécessité, procurer à l'agriculteur des capitaux au plus bas prix possible; ne pas remplir cette condition essentielle serait, non pas lui rendre des services, lui venir en aide, mais assurer, précipiter sa ruine.

Appelées à vivre de leur vie propre, sans aucun secours de l'Etat, les « Banques agricoles » devront se créer une clientèle, n'admettre que des emprunteurs de toute solvabilité, et, pour cela, multiplier leurs moyens de contrôle.

Ces moyens, quels qu'ils soient, entraîneront des dépenses, des frais généraux qui ne pourront être couverts que par une commission.

D'autre part, n'ayant à leur disposition qu'un capital social relativement limité, elles devront, pour se procurer les capitaux nécessaires à leurs opérations, les demander au public, soit en recevant des dépôts, soit en émettant des titres auxquels elles devront servir un intérêt.

Ce serait donc se bercer d'illusions que de supposer que les prêts aux agriculteurs pourront être faits dans des conditions aussi minimes que le taux de l'escompte à la Banque de France.

Il y aura, par conséquent, soit une commission à ajouter à cet escompte quand on aura recours à la Banque de France, soit un supplément d'intérêt à ajouter à celui payé au public quand on aura recours aux capitaux provenant des dépôts ou de l'émission de titres, et, cette commission, ce supplément d'intérêt devront être calculés de manière à couvrir les frais généraux, l'intérêt du capital social et un dividende compensant les aléas de l'entreprise, quelque limités qu'ils soient.

---

(1) *Organisation du Crédit au Travail*, par Hiernaux.

On ne doit pas perdre de vue, non plus, que dans la pratique les
« Banques agricoles » ne recevront pas toujours des valeurs munies des
trois signatures exigées pour l'escompte à la Banque de France, que
presque toujours elles seront forcées de demander cette troisième
signature soit à la « Banque centrale de Crédit Agricole et Populaire » si elle
se constitue, soit à tout autre établissement qui sera leur intermédiaire avec
la Banque de France, et quelque minime qu'elle soit, la commission,
conséquence de cette intervention, sera une charge ; enfin, les débuts seront
peut-être un peu pénibles, c'est-à-dire que le loyer de l'argent ne pourra,
dans les premiers temps, être consenti, peut-être, à des conditions aussi
avantageuses que l'obtient le commerce parce que les risques paraîtront
plus grands.

Il y aura donc une période de transition à franchir et il dépendra
surtout des agriculteurs d'en abréger la durée.

Sans fixer exactement le taux d'intérêt des prêts, intérêt dont le taux
peut varier selon les circonstances, selon la nature et la durée des prêts,
selon, enfin, la situation du marché financier, on peut néanmoins prévoir
qu'il sera rarement supérieur à 1 o/o au-dessus du taux de l'escompte de
la Banque de France. Or, tout prêt fait à l'agriculture au-dessous
de 5 o/o doit être considéré comme favorable pour elle.

Si le taux payé par les « Banques agricoles » pour le réescompte
de leur portefeuille est de 4 o/o par exemple, entre 4 o/o, taux de
l'escompte, et 5 o/o, taux du prêt, il y a une différence suffisante pour
rémunérer l'intermédiaire, et l'organe escompteur, pour se procurer des
capitaux en dehors de la Banque de France, pourrait recevoir des dépôts
ou émettre des titres produisant un intérêt de 4 o/o.

Ainsi comprise, la question du Crédit agricole se trouve simplifiée
et chacun y trouve avantage : l'emprunteur a l'argent qui lui est nécessaire
à 5 o/o et même 4.75 o/o, 4.50 o/o ; l'intermédiaire, c'est-à-dire la Banque,
peut et doit pouvoir vivre avec 1 o/o et même, peut-être, avec 0.75 o/o de
commission, etc.

Dans ces conditions, nous le répétons, l'emprunt n'est pas une
charge, mais un véritable élément de prospérité.

Les détracteurs du Crédit agricole soutiendront, nous le savons, que
prêter de l'argent aux agriculteurs à 5 o/o, c'est précipiter leur ruine.

Ceux qui tiennent un pareil langage sont dans l'erreur la plus
complète et cette crainte exagérée repose sur une confusion qu'on a trop
souvent faite.

« Quand on traite du Crédit agricole, il importe de bien distinguer
entre la rente produite par la terre et la rente produite par le capital
d'exploitation. Que celui qui s'adresse à une maison de banque pour se
procurer un fonds de terre fasse une opération ruineuse, cela n'est

malheureusement que trop vrai : le plus souvent, la rente du sol ne dépassant pas 3 o/o, il se voit forcé de payer un intérêt de 5 o/o, et quelquefois plus, suivant ses conditions de solvabilité et les risques qu'il fait courir au prêteur.

» Au contraire, celui qui emprunte pour acheter un des éléments nécessaires à l'exploitation du sol fait une œuvre utile qui lui procurera presque toujours un bénéfice certain, et le cultivateur qui trouvera des capitaux au même taux que le commerçant et l'industriel fera une bonne opération et retirera de ses moyens de production une rémunération suffisante pour faire face aux intérêts à payer et réaliser encore un certain bénéfice, juste récompense de son activité et de son travail (1). »

En effet :

Il est aujourd'hui prouvé que la culture du sol, entreprise avec des capitaux suffisants, assure des produits au moins égaux, sinon supérieurs, à ceux réalisés par les autres industries, même les plus favorisées.

Citons quelques exemples :

L'un des agronomes les plus éminents de notre époque, M. Grandeau, a prouvé par des expériences répétées sur divers points du territoire, en grande et en moyenne culture, qu'un capital de 100 francs en superphosphates et en nitrates répandus dans un champ de blé produit un supplément de récolte d'une valeur de 231 francs et permet d'obtenir un rendement de 30 à 35 hectolitres à l'hectare, au lieu de la moyenne actuelle de 15 hectolitres.

Le grand théoricien des engrais chimiques, M. Georges Ville, donne à la vigne pour 110 francs de superphosphates et de carbonate de potasse; elle lui rapporte en échange 100 hectolitres de vin. La même vigne, sans engrais et avec les vieilles routines de taille et de culture, donne de 25 à 30 hectolitres. Cultivée scientifiquement, la vigne donne, à partir de la quatrième année, un revenu de 15 o/o augmentant graduellement les années suivantes, pour se fixer définitivement entre 25 et 40 o/o.

Ce sont également des expériences actuelles et de tous les jours qui démontrent que la culture de variétés nouvelles de pomme de terre à grand rendement donne le produit des plus riches cultures industrielles, 1,800, 2,000 et 2,200 francs à l'hectare avec engrais chimiques au lieu de 300 à 400 francs que donne la culture ordinaire sans engrais.

Enfin, c'est une expérience séculaire, le troupeau double son capital tous les vingt-huit mois.

Il est donc constant que l'agriculteur travailleur, intelligent, peut payer, tout aussi bien que le commerçant et l'industriel, le loyer de l'argent qui lui sera prêté, et cela sans effort, car il n'y a pas d'entreprise

(1) *Essai sur le Crédit agricole*, par J. Baillet.

plus productive que celle qui repose sur l'exploitation du territoire agricole.

***

À quelles sources les « Banques agricoles » puiseront-elles les capitaux qui sont nécessaires à leurs opérations ?

Les opérations des « Banques agricoles » doivent, en raison même de leur utilité, de l'importance et de la multiplicité des besoins auxquels elles sont appelées à répondre, prendre progressivement les plus grands développements.

Ainsi que nous l'avons déjà dit, la Commission d'enquête du Crédit agricole mobilier estime à « quinze milliards » les sommes qu'il faudrait, dans l'espace de quelques années, à l'agriculture, pour compléter son capital d'exploitation.

Pour faire face à de semblables exigences, les « Banques agricoles » auront évidemment besoin de ressources considérables. Or, leur capital social sera insuffisant et ne pourra, dans tous les cas, être immobilisé dans des opérations à longue échéance; ce capital, au contraire, devra être toujours disponible : il est la réserve, la garantie des opérations de l'établissement; c'est lui qui doit assurer leur fonctionnement régulier.

Nous devons donc examiner les sources auxquelles pourront s'alimenter les « Banques agricoles » pour faire face à des exigences chaque jour renaissantes.

Ces sources sont de trois sortes :

1° *Les dépôts qu'elles recevront.*

La réception de fonds en dépôt est pour les Banques une source de capitaux beaucoup plus importante que l'émission de titres fiduciaires, billets, bons ou obligations. Ce sont les dépôts qui sont le principal agent de prospérité des Banques d'Écosse, d'Allemagne et d'Italie, comme ils sont appelés à être le principal agent de prospérité des « Banques agricoles ».

En effet, s'imposant à la confiance des agriculteurs, des capitalistes, qui les verront opérer sous leurs yeux, administrées par des hommes connus et expérimentés, possédant dans le pays les ramifications les plus étendues, c'est là où viendront se porter les fonds disponibles; il ne restera bientôt plus de numéraire improductif dans les bas de laine ou dormant au fond des tiroirs.

Ces dépôts devront être remboursables à vue ou à terme et seront productifs d'un intérêt en rapport avec leur durée et ils auront pour résultat de créer des relations entre les Banques et les déposants. Ceux-ci auront alors beaucoup de facilités à en obtenir des avances, de manière qu'après en avoir été les créanciers, ils en deviendront les débiteurs.

Institutions locales, se trouvant exactement renseignées sur la valeur morale et matérielle des cultivateurs, elles leur ouvriront des comptes de dépôts, même pour les plus faibles sommes; elles les formeront à la pratique de l'épargne, feront fructifier leurs disponibilités; enfin, se chargeront de leurs paiements, de leurs recettes et, petit à petit, les habitueront au maniement du crédit.

Les « Banques agricoles » sont appelées à devenir de véritables Caisses d'épargne; à l'aide de leurs agences, elles pénétreront dans les localités les plus reculées, elles attireront l'obole du paysan comme les gros capitaux des riches pour les faire fructifier au plus grand profit de l'agriculture et c'est dans les dépôts qu'elles trouveront leurs plus sérieuses ressources.

2° *L'émission de titres représentatifs de leurs opérations.*

En représentation de leurs prêts « à long terme », les « Banques agricoles » devront pouvoir émettre des titres, « Bons ou Obligations », portant pour échéance l'époque du remboursement des prêts.

Ces titres, payables à des échéances variables de un an à cinq ans, pourront être productifs d'un intérêt qui variera selon la situation du marché financier, mais cet intérêt devra être nécessairement sensiblement plus élevé que celui payé par les agriculteurs.

Comme ceux du Crédit Foncier, ils reposeront sur une garantie certaine, garantie résultant des engagements mêmes des agriculteurs.

Quand on songe aux ressources financières du pays, à la puissance de l'épargne qui, sans cesse, se renouvelle, se reconstitue; aux capitaux que l'émission des obligations a mis à la disposition du Crédit Foncier et des Compagnies de chemins de fer, on est en droit de se demander pourquoi des titres réunissant au même degré les garanties, les sécurités recherchées par les capitalistes ne seraient pas d'un placement aussi facile.

Nous croyons que cela est évident; émis par petites coupures, ces Bons ou Obligations, accessibles aux petites bourses, seront recherchés par les laboureurs qui sauront que l'épargne, fruit des travaux de la terre, retourne à la culture des champs, et leur émission, qui deviendra plus facile au fur et à mesure que le crédit des « Banques agricoles » s'affermira, mettra progressivement à leur disposition des ressources illimitées et la diminution du loyer de l'argent prêté à la terre sera la conséquence forcée du jeu de l'institution.

3° *Le réescompte de leur portefeuille, c'est-à-dire des effets souscrits ou endossés à leur profit par les agriculteurs ou par ceux qui achètent ou vendent des produits agricoles.*

Nous croyons que, dans un avenir prochain, l'importance de leurs dépôts permettra aux « Banques agricoles », le plus souvent, d'attendre l'époque de l'échéance pour faire encaisser les valeurs composant leur portefeuille, mais pendant les premières années, tout au moins, elles seront évidemment forcées d'avoir recours à ce moyen pour se procurer les capitaux qui leur seront nécessaires pour leurs prêts « à court terme ».

C'est sur le concours de notre plus grand établissement de crédit, la Banque de France, qu'elles devront compter pour faire face à leurs opérations courantes.

Ce concours est trop important, trop sérieux, pour que nous ne nous expliquions pas aussi clairement que possible à ce sujet, car il est une des bases essentielles de l'organisation du Crédit agricole.

La « Commission d'enquête du Crédit agricole » ne pouvait se désintéresser du concours éventuel que prêterait à l'agriculture notre grand établissement de crédit, et le Gouverneur de la Banque de France, appelé à faire connaître dans quelle mesure et dans quelles conditions l'intervention de la Banque pourrait se produire, s'est exprimé ainsi :

« On demande si, dans la nouvelle situation économique créée par le législateur à l'agriculture, la Banque pourra se mettre en contact direct et pour ainsi dire personnel, avec les agriculteurs, leur ouvrir ses guichets, ses caisses et leur faire crédit.

» A cela je réponds négativement par une raison bien simple que je vais faire connaître.

» Et d'abord il convient de rappeler que, dans la pensée de plusieurs de nos collègues de la Commission, il s'agit de venir en aide à l'agriculture sous deux formes :

» 1° En escomptant le papier des agriculteurs ;

» 2° En faisant à ceux-ci des avances sur le bétail, les instruments, les semences, les récoltes, etc.

» En ce qui concerne le second mode de crédit, il serait bien difficile, pour ne pas dire impossible, que la Banque de France pût faire de semblables opérations, en raison justement des inconvénients et des dangers que le nantissement sans tradition de gage présentera toujours, quoi qu'on fasse pour le prêteur.

» En ce qui touche l'escompte du papier du cultivateur, l'obstacle dérive de l'éducation de ce dernier au point de vue des affaires et du crédit, éducation qui est tout entière à faire.

» Le commerce a ses lois, ses usages, ses traditions, ses nécessités, qui ne s'apprennent pas en un instant. Ce n'est qu'avec le temps et la pratique des affaires que l'on se familiarise avec ses exigences.

» Pour préciser, je dirai qu'il est indispensable que l'agriculteur auquel on donnera l'avantage du crédit sache s'en servir, qu'il en use sans en abuser, que sa signature puisse acquérir une sûreté presque absolue et une valeur morale, il faut enfin que cet emprunteur se manifeste par ses actes et qu'on puisse le connaître complètement.

» Or, les agriculteurs composent, en l'état actuel, presque partout, une population absolument étrangère à toutes ces notions.

» Dans cette situation, on ne saurait demander que le capital de la Banque de France fît confiance directe à ces agriculteurs. Pour de telles opérations, en effet, la Banque serait forcée de changer toute son organisation ; il faudrait qu'elle eût un personnel nouveau, qu'elle s'entourât, à Paris et surtout dans ses succursales, de propriétaires et d'agriculteurs, qu'elle procédât à des enquêtes locales ; en un mot, qu'elle modifiât complètement la nature et le caractère de ses opérations.

» Il viendra peut-être, je l'espère et je le souhaite, un moment où les conditions dont j'ai parlé seront réalisées et où alors la Banque pourra ouvrir directement ses caisses aux cultivateurs, mais actuellement cela lui est impossible.

» Néanmoins, ce n'est pas à dire pour cela qu'il n'y ait rien à faire et que la Banque ne jouera pas un rôle dans la répartition du crédit à l'agriculture. Elle pourra intervenir, mais il lui faudra pour cela un intermédiaire, et cet intermédiaire, c'est un établissement nouveau qui pourra faire ce qui est actuellement impossible à la Banque.

» Cet établissement, en effet, sera libre de ses allures, puisqu'il est encore à créer ; il aura un but spécial pour lequel il s'organisera. Il s'entourera de toutes les sûretés, de tous les moyens d'action nécessaires et pourra faire, en un mot, ce qui, en l'état actuel, est absolument impossible à la Banque de France.

» Or, si cet établissement nouveau repose sur une base sérieuse, s'il possède un capital social important et en rapport avec ses opérations, si ce capital est réalisé, si la gestion de cet établissement est sagement conduite, il est certain que la Banque de France se prêtera volontiers à prendre le papier d'un tel présentateur et à seconder ainsi ses opérations.

» Il y a donc là un intermédiaire nécessaire, indispensable quant à présent, avec lequel la Banque pourra être disposée à faire des affaires, s'il répond aux conditions qui viennent d'être indiquées, et c'est ainsi que le concours de la Banque pourra se produire pour faciliter aux cultivateurs l'accès des capitaux. »

De ces déclarations il résulte que la Banque de France ne refuse pas de venir en aide à l'agriculture, mais elle veut, et cela se comprend, qu'il y ait entre elle et les agriculteurs un « *présentateur* » qui viendra donner sa « *garantie* » aux engagements qu'ils auront contractés.

Si la « Banque de Crédit Agricole et Populaire » se constitue, elle sera ce présentateur exigé par la Banque de France, mais si, malgré les influences, les puissantes personnalités qui poursuivent la création de cet établissement, il ne se constituait pas, les « Banques agricoles » ne réunissent-elles pas toutes les conditions exigées par le Gouverneur de notre premier établissement de Crédit, *surtout alors que les titres représentatifs de leur capital social seront déposés dans les caisses de la Banque de France ou de ses succursales* pour servir de garantie à leurs opérations ?

D'ailleurs, déjà, et depuis longtemps, la Banque de France accepte à l'escompte le papier agricole dans plusieurs de ses succursales et nous croyons qu'elle n'a jamais eu à le regretter.

Mais ce qui n'est qu'une mesure de faveur doit devenir *un droit* et le renouvellement de son privilège donne aux législateurs une occasion exceptionnelle d'exiger de la Banque de France, qu'elle vienne, dans certaines conditions et sous certaines garanties, en aide à l'agriculture comme elle vient en aide au commerce et à l'industrie.

Quand on a fondé la Banque de France, l'agriculture comptait pour peu de chose, elle se suffisait à elle-même et, à cette époque, rien ne faisait prévoir qu'elle aurait jamais besoin du secours des capitaux et du crédit ; c'est pourquoi il n'en fut pas question dans les statuts de la Banque de France.

Les temps ont changé; l'agriculture est aujourd'hui une industrie qui, plus que toutes les autres, a besoin de crédit. Les représentants du pays ont le devoir de veiller à ce que ses intérêts soient sauvegardés et ils ne manqueront pas, nous en sommes certains, d'imposer à la Banque de lui prêter un concours qui n'est que juste et équitable.

On peut donc affirmer que les « Banques agricoles » trouveront dans le concours de la Banque de France le moyen de faire face aux exigences de leurs prêts à l'agriculture dans des conditions aussi favorables que celles qui sont faites au commerce et à l'industrie.

Dans les dépôts qu'elles recueilleront, dans l'émission des titres qu'elles créeront en représentation de leurs opérations, enfin, dans le concours de la Banque de France, elles trouveront les capitaux qui leur permettront de venir énergiquement en aide au développement des travaux de la terre, base essentielle de la richesse et de la puissance du pays.

*
* *

On a dit et répété souvent que l'organisation du Crédit agricole était difficile, sinon impossible en France, par suite de l'éducation et des habitudes des cultivateurs qui ne sauront pas se servir utilement du crédit et qui n'inspireront jamais qu'une confiance très limitée aux capitalistes, n'ayant aucun souci de leurs échéances.

Ce sont là des calomnies dont il importe de faire bonne justice.

Certains esprits enclins à la critique croient encore que l'agriculteur empruntera pour se livrer à ses goûts de luxe, pour faire des dépenses exagérées et on en conclut qu'il faut l'empêcher d'emprunter.

Ceux qui parlent ainsi connaissent bien mal les populations de nos campagnes, ils ignorent que leur défaut est plutôt une tendance trop prononcée à l'économie qu'une tendance trop prononcée à la prodigalité.

Pendant longtemps le cultivateur a été souvent ignorant, mais il est loin d'en être ainsi actuellement ; l'agriculteur s'est instruit, il sait tirer tout le parti possible des facultés productrices du sol, il comprend nettement ses intérêts. Devenu plus éclairé, habitué à des études sur la nature du sol qu'il exploite, il saura tout ausi bien, et peut-être même mieux, que le commerçant et l'industriel, se servir de l'argent qui sera mis à sa disposition.

Il est évident qu'il reste des progrès à réaliser.

Ainsi, par exemple, les agriculteurs, en général, ne tiennent pas leur exploitation rurale en comptabilité régulière : ils vivent au jour le jour ; ils mettent dans la terre tout ce qu'ils ont de forces et de ressources, consomment une part des produits, vendent le reste et arrivent ainsi au bout de l'année avec un excédent ou avec des dettes, sans trop savoir où ils en sont, ce qui les a faits riches, ce qui les a faits pauvres.

Par ce défaut de comptabilité, en outre, ils méconnaissent ce mouvement naturel des récoltes, où une série de bonnes années est souvent suivie d'une série de mauvaises.

Il sera donc nécessaire de former les agriculteurs à la régularité de leurs comptes, à la précision de leurs opérations ; il faudra, en un mot, qu'ils se soumettent aux nécessités du commerce, comme on le voit dans des pays voisins, en renonçant aux errements du passé, en sachant distinguer dans l'emploi des capitaux ce qui devra rester immobilisé et ce qui pourra être mobilisé, en calculant leurs entreprises avec leurs ressources disponibles ; il faudra, enfin, les former à la prévoyance et à l'analyse exacte de leurs opérations.

C'est aux « Banques agricoles » qu'il appartiendra d'inculquer aux agriculteurs ces idées en exigeant, comme première condition de l'admission à l'escompte, de l'ouverture d'un crédit en compte courant, enfin de la réalisation d'un prêt quelconque, une comptabilité dont elles pourront, d'ailleurs, fournir les éléments.

Le respect de la signature, le culte de l'échéance se retrouvent aussi vifs, aussi impérieux chez l'agriculteur que chez le commerçant et l'industriel.

Nous allons le prouver par des faits :

Appelé à s'expliquer sur les causes qui avaient amené la chute de l'ancienne Société du « Crédit agricole », M. Frémy, Gouverneur du Crédit Foncier de France, faisait à l'assemblée générale des actionnaires de cet établissement la déclaration suivante :

« Le papier purement agricole n'a donné lieu qu'à des retards toujours suivis de paiement, résultat d'autant plus remarquable que la faillite de quelques correspondants, qui nous avaient négocié des valeurs agricoles, nous a amenés à recouvrer ces valeurs directement et nous a mis en mesure de constater ainsi la solvabilité personnelle des premiers signataires, c'est-à-dire des agriculteurs. »

Il y a quelques années, la Banque de France jugea possible de venir en aide aux agriculteurs de la Nièvre en acceptant le papier agricole à sa succursale de Nevers. Méditons la déposition de M. Giraud, directeur de cette succursale, devant la Commission d'enquête du Crédit agricole :

« A partir de 1867, il me fut ainsi permis de donner, en dix ou onze ans environ, 130 à 140 millions à l'agriculture de la Nièvre. Le bénéfice réalisé par elle a été d'au moins 25 millions.

» Je trouvai là une race de fermiers intelligents, laborieux, actifs, économes, foncièrement honnêtes, esclaves de leur parole et respectant peut-être mieux le contrat verbal qu'ils liaient sur un champ de foire et qu'ils sanctionnaient d'une loyale et proverbiale poignée de main, que s'ils l'avaient appuyé de leur signature.

» Je dois témoigner, à l'honneur des cultivateurs, que ma confiance n'a jamais été trahie : par un contact incessant, j'avais bien appris à connaître les hommes et les choses de l'agriculture et je n'ai jamais eu *ni un protêt, ni un effet en retard de vingt-quatre heures.* »

Cette déposition n'est-elle pas concluante ? Ne démontre-t-elle pas que les sentiments d'honneur, de loyauté, le respect des engagements pris sont aussi vivaces dans les campagnes que dans les villes ? L'agriculteur devient de plus en plus commerçant et industriel, et le jour prochain où cette transformation sera achevée, les opérations du Crédit agricole seront toutes aussi sûres que celles du Crédit commercial et industriel.

Enfin, nous croyons devoir répondre à une dernière observation qui pourrait être faite.

On pourrait objecter que les engagements des agriculteurs étant exclusivement des engagements civils, et comme tels ne relevant que de la juridiction civile, leur signature ne pourra circuler aussi facilement que celle des commerçants et des industriels.

Nous venons de le voir, la Banque de France ne s'est pas arrêtée à cette difficulté, plutôt apparente que réelle. Nous avons toujours été et nous sommes toujours partisan de l'assimilation complète de l'agriculteur au commerçant et à l'industriel, mais en attendant que la loi réalise ce progrès, nous croyons que la question ne présente pas, au point de vue du fonctionnement des « Banques agricoles », un grand intérêt :

« Attendu que si l'engagement du cultivateur est civil, il arrive presque toujours dans la pratique que le billet signé par l'agriculteur est remis à son fournisseur, revêtu, par conséquent, d'une signature commerciale ; or, aux termes d'une jurisprudence constante, tout billet d'origine civile, qui porte une signature de commerçant, devient, par ce seul fait, commercial et soumis à la juridiction consulaire (1). »

Nous croyons donc fermement que rien ne s'oppose sérieusement à l'organisation dans notre pays du Crédit agricole et ce résultat ne peut être obtenu qu'au moyen d'institutions de crédit, dues exclusivement à l'initiative privée.

« Toute la question du Crédit agricole peut être résumée dans ces mots : défaut de guichets. Multipliez les Banques et les agriculteurs sauront obtenir des capitaux, non pas aussi bien, mais mieux que les commerçants. Quant à ceux qui n'en méritent pas, on ne leur en procurera jamais par des procédés artificiels (2). »

Certaines modifications législatives sont nécessaires et peuvent aider au développement des opérations du Crédit agricole, cela est évident ; mais ces modifications viendront à leur heure et s'imposeront d'elles-mêmes aux Pouvoirs publics ; en attendant, ce qui est nécessaire, ce qui est indispensable, c'est de créer sur tous les points du pays les « Banques » dont nous venons d'étudier le fonctionnement et dont la création transformera les conditions d'existence des populations rurales et seront le principal instrument du relèvement et de la prospérité de l'agriculture.

*
* *

Nous venons d'indiquer, aussi sommairement que possible, quel est le rôle qui, dans notre esprit, doit être réservé aux établissements dont nous considérons la création comme devant être la base essentielle de l'organisation en France du Crédit agricole.

Dans cet exposé peut-être un peu long, peut-être aride de leurs opérations, nous avons nécessairement omis bien des détails. Nous avons craint de fatiguer l'attention de nos lecteurs ; nous ne nous sommes donc attaché qu'aux grandes lignes ! Nous laissons le soin à ceux qui établiront leurs statuts, à ceux qui prendront en mains la direction de leurs affaires de compléter notre œuvre.

---

(1) M. Méline, ancien Ministre de l'Agriculture.
(2) Le *Crédit agricole,* par Legrand.

Nous avons voulu prouver et nous croyons avoir démontré que si notre pays n'est pas depuis longtemps doté d'institutions de crédit analogues à celles qui fonctionnent avec un si grand succès à l'étranger, c'est qu'on a toujours été à côté de la question ; on a toujours cru que, pour organiser le Crédit agricole, il fallait établir des lois spéciales, avoir recours à l'intervention gouvernementale, alors que les lois existantes et l'initiative privée permettent de faire pour l'agriculture ce qui a été fait pour le commerce et pour l'industrie.

Quant à nous, nous avons la conviction qu'aussitôt que les « Banques agricoles » existeront, les capitaux répondront à leur appel et viendront vivifier la plus grande de nos industries.

« Les débuts seront peut-être un peu pénibles ; l'agriculture ne trouvera peut-être pas de suite des conditions aussi avantageuses que le commerce dont l'éducation, au point de vue du crédit, est maintenant achevée. Mais les exploitants du sol ne sauraient tarder à se manifester par leurs actes ; pénétrés de l'intérêt qu'il y aura pour eux à prendre rapidement les habitudes et les lois du commerce, ils se hâteront de faire apprécier leur valeur morale : ils montreront qu'eux aussi, ils savent se servir du crédit et que leur signature donne une sûreté aussi grande que celle d'un commerçant et d'un industriel.

» Dès le jour ou l'agriculture aura fourni cette preuve, les capitaux viendront à elle : car *il ne se peut pas* que l'industrie qui figure au premier rang dans le chiffre de notre production nationale, qui occupe et fait vivre le plus grand nombre d'individus, qui, suivant qu'elle est prospère ou qu'elle périclite, détermine le bien-être ou le malaise des autres branches du travail national, il ne se peut que l'exploitation du sol soit condamnée irrémédiablement et que le capital se refuse à l'aider dans son œuvre de transformation (1). »

C'est donc à une organisation financière, toute de décentralisation intelligemment et sagement dirigée, qu'il appartient d'organiser en France le véritable Crédit agricole.

Les « Banques agricoles » sont appelées à remplir ce rôle parce que leur organisation, leur but, leurs opérations répondent à toutes les exigences de la situation et aux aspirations de la majorité des cultivateurs français.

Elles offrent un champ d'action à toutes les initiatives, à toutes les influences locales et elles peuvent étendre leurs opérations, dans des conditions exceptionnelles de succès et de sécurité, sur tous les points du territoire.

Par leurs relations avec la Banque de France et les autres grands

---

(1) *Essai sur le Crédit agricole*, par J. Baillet.

9

établissements de crédit, elles pourront donner au papier rural la même valeur fiduciaire que celle du papier commercial et industriel.

En admettant à l'escompte les valeurs ayant une origine agricole, c'est-à-dire créées en représentation de ventes d'engrais, semences, bestiaux, machines, etc., elles permettront aux divers facteurs de la production agricole de développer, renouveler, multiplier leurs opérations sans immobiliser leurs capitaux, par conséquent, de baisser leurs prix dans de notables proportions.

Elles guideront les agriculteurs dans toutes les améliorations du sol et de la culture reconnues utiles.

Elles feront pénétrer dans les centres agricoles les bienfaits de la prévoyance, de l'épargne, des assurances et du crédit, assurant ainsi l'avenir et la prospérité, encore incertains aujourd'hui, de la démocratie rurale.

Elles rendront la production agricole moins coûteuse et, sans nuire aux agriculteurs, elles abaisseront, au profit de tous, le prix des denrées alimentaires.

Elles dirigeront les capitaux vers la terre et retiendront les populations au milieu des champs.

En un mot, ces « Banques de l'Agriculture » porteront leur activité sur tout ce qui peut améliorer le sort des populations des campagnes ; leur prospérité est assurée, car le bon emploi des capitaux sur place, sous l'administration d'hommes honorables, connus et expérimentés, appellera sans peine la confiance, et leurs opérations ne manqueront pas de s'étendre rapidement.

Lorsque, dans un avenir prochain, cette organisation du Crédit agricole sera un fait accompli, lorsque les « Banques agricoles » étendront leurs rameaux bienfaisants sur tous les points du pays, toutes ces Banques indépendantes les unes des autres, mais fondées sur les mêmes bases, également ennemies de la spéculation, ayant un même but, seront appelées à se prêter mutuellement un appui qui ne pourra que contribuer à leurs succès.

Comme l'ont fait les Banques d'Écosse, d'Allemagne et d'Italie, elles établiront entre elles, disons-nous, des liens indissolubles, malgré leur indépendance, et bientôt cette « Union des Banques Agricoles Françaises » constituera, par l'importance de ses moyens d'action, l'étendue et la solidité de ses relations et de ses influences, une force collective dont nous ne soupçonnons pas nous-même la puissance, car elle s'appuiera sur une clientèle formidable, celle de vingt millions d'agriculteurs qui sont bien véritablement l'âme de la Nation.

**

Que faut-il pour obtenir d'aussi grands résultats et atteindre un but qui intéresse à un si haut point la richesse du pays ?

Il faut, avant tout, que les capitaux, mieux dirigés, se portent vers l'exploitation des richesses territoriales qu'une Providence généreuse a placées à notre portée.

Nous sommes les banquiers de l'Europe, les commanditaires des nations dans la détresse, et nos bonnes terres de France restent en friche, et notre sol s'épuise, et nous sommes forcés de porter chaque année des millions à l'étranger, pour nous procurer des denrées que nous pourrions produire en abondance.

Que les capitalistes mieux inspirés reviennent à la terre, ils feront acte de sage prévoyance, de vrai patriotisme et ils n'ont là à redouter aucun des écueils de la spéculation, aucun des risques du commerce et de l'industrie.

Quand d'autres branches de l'industrie humaine vieillissent et disparaissent, quand les plus grands établissements de crédit sombrent, quand les entreprises qui paraissent les plus sérieuses périclitent en ne laissant derrière elles que des ruines, la « Terre » seule, ne périt pas et ne peut périr ; seule, elle constitue un gage que nul autre ne peut égaler, seule, elle conserve et multiplie le capital qu'on lui confie.

En favorisant la création des « Banques agricoles », on assurera l'émancipation de vingt millions d'agriculteurs et aideront puissamment au relèvement de notre agriculture, base essentielle de la prospérité du pays.

CONCLUSION

Nous avons terminé cette étude de l'une des questions les plus sérieuses de notre temps.

Dans cette étude, nous n'avons pas eu en vue de préconiser un nouveau système de crédit ; on n'y trouve ni théories ingénieuses, ni séduisante utopie ; nous n'avons pas la prétention de vouloir rien inventer, rien innover.

Nous avons simplement consulté les leçons de l'expérience.

Nous avons vu que ce n'était que grâce au crédit et à l'association que le commerce, l'industrie, les travaux publics, avaient accompli ces prodiges qui sont la gloire du xixe siècle ; nous avons vu comment les Anglais, les Allemands, les Italiens, les Belges, les Espagnols, les Portugais, appliquaient les bienfaits du crédit au développement des travaux de la terre.

Ces institutons, qui font la prospérité de nos voisins, l'agriculture les a toujours désirées, mais, chose triste à dire, ses espérances ont toujours été trompées et, il faut bien l'avouer, nous ne sommes toujours, en France, pour le crédit, qu'à l'enfance de l'association.

Aujourd'hui encore, certains esprits rétrogrades ne craignent pas d'affirmer que l'agriculture se suffit à elle-même, qu'elle n'a besoin d'aucun secours étranger; que mettre le crédit à la portée des agriculteurs, c'est mettre entre leurs mains un instrument qui, non seulement leur sera inutile, mais qui ne sera pour eux qu'une source de ruine, qu'une cause de déceptions.

Ceux qui parlent ainsi abusent de l'ignorance des agriculteurs, et nier les besoins de l'agriculture, c'est nier une vérité évidente qui s'impose à tous les yeux, éclatante comme la lumière du jour.

Quand, au commencement de ce siècle, on a fondé la Banque de France, quand, plus tard, on a fondé le Crédit Foncier de France, à ces époques aussi des hommes rebelles à tout progrès criaient à l'utopie, cherchaient à créer des obstacles, à susciter des difficultés, et, cependant, quels services ces deux grands établissements n'ont-ils pas rendus au commerce, à l'industrie, à la propriété? Quels services ne rendent-ils pas chaque jour au pays tout entier? Le succès le plus grand, le plus brillant n'a-t-il pas couronné leurs opérations?

Il en sera de même du Crédit agricole, et il est vraiment étrange, véritablement extraordinaire que, dans un pays comme le nôtre, qui a la prétention d'être à l'avant-garde de la civilisation, on ait attendu jusqu'à ce jour pour en faire l'expérience, alors qu'il est démontré que le crédit est le principal instrument de la prospérité agricole chez presque tous les autres peuples de l'Europe.

Les idées justes finissent toujours par faire leur chemin, par briser tous les obstacles; aujourd'hui, plus que jamais, une solution s'impose.

Le moment d'agir est venu.

Dans la situation actuelle de l'agriculture française, il serait souverainement imprévoyant de rester plus longtemps inactifs alors, surtout, que la lutte entre les productions de l'ancien et du nouveau monde n'est encore qu'à son début. Elle sera, si nous n'y prenons garde, cruelle pour nous lorsque le moment viendra où les Etats-Unis nous offriront à tout prix l'excédent de leur production, en même temps que nous serons débordés par celles de l'Australie, de l'Inde, de l'Egypte et même de l'Amérique du Sud.

Le devoir s'impose aujourd'hui aux représentants du pays, aux grands propriétaires fonciers, aux capitalistes, de venir aider, secourir les humbles agriculteurs qui les nourrissent.

Qu'ils n'hésitent donc pas à venir aider à l'accomplissement d'une œuvre sérieuse, utile, véritablement nationale, car, ainsi que le disait si éloquemment M. Méline à la tribune de la Chambre des députés, dans la séance du 16 juin 1892 :

« Organiser le Crédit agricole c'est porter la production du sol français à son maximum de puissance, c'est faire sortir du sol français les milliards qui y sont enfouis, c'est donner de la confiance à nos campagnes, arrêter cette émigration des populations rurales vers les villes qui fait une concurrence si redoutable à nos ouvriers, c'est mettre à la disposition des consommateurs une masse énorme de produits dont le bon marché ira toujours croissant ; c'est assurer à notre budget, par le développement de la richesse publique, les ressources certaines de plus-values assurées ; c'est rendre, enfin, un immense service au marché des capitaux, si souvent en désarroi, en les reportant vers leur véritable destination qui est de féconder le travail ; c'est arracher du gouffre de la spéculation l'épargne des travailleurs pour l'employer à leur profit.

» Quand on envisage la question par tous ses côtés, quand on l'élève à cette hauteur, on reste convaincu que le Crédit Agricole et Populaire est certainement l'instrument le plus puissant de pacification sociale, peut-être le seul moyen d'opérer la réconciliation si désirable du capital et du travail.

» Si la Chambre parvient à résoudre ce problème, elle aura accompli une des œuvres les plus importantes de la fin de ce siècle.

» Elle aura bien mérité de la démocratie française! »

Paris. — Imp. Schiller, 10, faubourg Montmartre.